*Der Raton-Tunnel, New Mexico, ca. 1885.*

T. C. McLuhan

# Bilder für den Weissen Mann

## Eisenbahntourismus und der amerikanische Indianer 1890-1930

Schirmer/Mosel

Aus dem Amerikanischen übertragen von Dr. Inge Leipold.

Autorisierte, deutschsprachige Ausgabe des 1985 bei Harry N. Abrams, Inc., New York, erschienenen Bandes »Dream Tracks – The Railroad and the American Indian 1890–1930«.


CIP-Kurztitelaufnahme der Deutschen Bibliothek:
*McLuhan, Teri C.:*
Bilder für den weißen Mann: Eisenbahntourismus
u. d. amerikan. Indianer 1890–1930 / T. C.
McLuhan. [Übers. aus d. Amerikan. von Inge Leipold]. –
München: Schirmer-Mosel, 1985.
Einheitssacht.: Dream Tracks <dt.>
ISBN 3-88814-186-9



Satz: Passavia Druckerei GmbH Passau
Druck und Bindung: Amilcare Pizzi

# Inhalt

*Ein Zug der California Limited passiert den Pueblo Laguna, New Mexico, 20er Jahre.*

*Im Staub, den wir auf die schweigenden Völker und ihr Grauen gehäuft haben, vergruben wir auch viel von dem feingeknüpften Zauber des Lebens.*[1]

D. H. Lawrence

*Ich spreche nicht zu Nationen, sondern zu den wenigen Menschen, die daran glauben, daß unsere Zivilisation ... nicht vom Himmel fällt, sondern letztendlich von Individuen geschaffen wird. Wenn der große Wurf nicht gelingt, dann ist der Grund dafür, daß die Individuen versagen, daß ich versage. Also muß ich zuerst meinen eigenen Fehler korrigieren. Und da Autorität ihren Zauber verloren hat, brauche ich zu diesem Zweck das Wissen und die Erfahrung von den innersten und wahren Grundgegebenheiten meines subjektiven Seins, damit ich mein Fundament auf die ewigen Dinge der menschlichen Seele gründen kann.*[2]

C. G. Jung

*In den vereinigten Staaten gibt es mehr Raum, wo niemand ist, als solchen, wo jemand ist. Und das ist es, was Amerika zu dem macht, was es ist.*[3]

Gertrude Stein

*Die Bedeutung von Amerika ist ganz schlicht und einfach, daß man seine Bedeutung nicht festlegen kann.*[4]

Perry Miller,
amerikanischer Gelehrter und Historiker

*Derselbe Zug beim Durchqueren des Pueblo Laguna.*

# Dank

Dave Fawcett verdanke ich viele erhellende Gespräche über Kultur und Gesellschaft der Eingeborenen. Vor allem bin ich ihm für die zahlreichen Anregungen während der ganzen Zeit, in der ich an diesem Buch arbeitete, zu Dank verpflichtet. Dr. Herb Terrace danke ich besonders für seine Unterstützung beim Erlernen eines neuen Handwerks – der Kunst, mit einem Computer umzugehen! – und dafür, daß ich bei den Vorarbeiten zu diesem Buch seinen Computerterminal an der Columbia University benutzen durfte, sowie für seine vielen hilfreichen Hinweise bei der Fertigstellung des Manuskripts.
Dank gebührt auch Dr. Robert Murphy, der mich als Gasthörer zu Vorlesungen über Anthropologie an der Columbia University eingeladen hat. Auf diese Weise konnte ich das umfangreiche Quellenmaterial der Universität mit heranziehen, was dem Manuskript sehr zugute gekommen ist.
Danken möchte ich auch Anne-Marie Perrier, Didier Guérin und Nicolas Hugnet in Paris, daß sie den Glauben an dieses Buch nie verloren haben, ebenso Sonny und Bert Lee, die sich unermüdlich dafür einsetzten, daß es vollendet wurde, und die mir immer mit Rat und Tat zur Seite standen.
Dank auch Dick Rudisill, dem Kurator der Abteilung für Geschichte der Photographie am Museum of New Mexico, für seine unschätzbare Hilfe bei meinen Forschungen in Santa Fé sowie Jim Nottage von der Historischen Gesellschaft des Staates Kansas für wertvolle Hinweise und Don Humphrey, der mir bei der Auswertung des Materials half. Außerdem möchte ich Paul Benisek und Susan Saltzer von der Santa Fé Industries, Inc. in Chicago für ihre großzügige Unterstützung beim Aufspüren der Bilder danken, auch dafür, daß sie mir Reproduktionen für die Veröffentlichung zur Verfügung stellten. Besonders dankbar bin ich Mr. Benisek, der mir erlaubte, Auszüge aus der Korrespondenz der Atchison-, Topeka- und Santa Fé-Gesellschaft zu zitieren. Auch W. E. Flohrschutz und Mike Martin von der Geschäftsstelle der ATSF in Los Angeles danke ich für ihre Unterstützung meiner Forschungsarbeiten; sie ermöglichten es mir, viele der frühen Santa Fé-Plakate und -Broschüren zu photographieren und zu reproduzieren.
Schließlich gilt mein Dank allen meinen Freunden, die immer für mich da waren – für ihre wohlwollende Geduld und ihr Verständnis während meiner Forschungsarbeiten und der Niederschrift des Buches.

*Der Pueblo Taos in New Mexico. Staffellauf, Fiesta San Geronimo, 1902.*

# Einführung

»Dann zog sich einer nach dem anderen in seine Behausung zurück, und erst allmählich merkten wir, daß wir ja immer noch in Amerika waren. Man wird so neugierig, so begierig darauf, alles zu sehen, daß man das fast vergißt und alles ein Traum zu sein scheint.«[1] Diese Worte, die ein bekannter Reisender und Photograph in sein Tagebuch schrieb, nachdem er im Jahr 1897 zum ersten Mal eine Zeremonie der Pueblo-Indianer miterlebt hatte, lassen die Hoffnung auf mögliche Gemeinsamkeiten mit den Eingeborenen erkennen, von denen man so wenig wußte. Für ihn und viele andere Amerikaner bedeutete das Reisen – vor allem in den exotischen Westen – ein Versprechen nahezu unbegrenzter Erleuchtungen für zukünftiges Erinnern. Es gab noch soviel Neues und Unbekanntes, und alle waren voller Erwartung.

Mit der fortschreitenden Mechanisierung des Lebens um die Jahrhundertwende machte sich ein Verfall der traditionellen und geistigen Bindungen bemerkbar – der Verlust einer ganzheitlichen Identität. Ein zunehmendes Interesse an Lebensweisen, die anders sind als unsere eigenen, bildete sich heraus und gewann immer mehr an Bedeutung. Die amerikanischen Indianer, deren Existenz man bislang ignoriert hatte, fanden nun einen Platz im Pantheon der amerikanischen Vorstellungswelt; sie erwachten zu neuem Leben in der Phantasie, im Bewußtsein und im Interesse der Amerikaner.

In der Kultur der Eingeborenen galt die Erde als etwas Heiliges und Unantastbares – man sollte sie nicht zerstören, sondern in ihr leben, in einem Zustand der Gnade und Harmonie mit der segensreichen Kraft, die dem Rhythmus der Natur entsprang – einer Lebenskraft, die die moderne Welt vergessen hatte. »Sie verfügten über etwas, das die Welt verloren hat«, schrieb John Collier über die amerikanischen Indianer. »Und sie verfügen immer noch darüber. Was die Welt verloren hat, muß sie wiedererlangen, wenn sie nicht zugrunde gehen soll. Es bleibt nicht mehr viel Zeit, das Verlorene zurückzuerobern.«[2]

Die meisten Bilder in diesem Buch wirken – scheinbar – vertraut. Sie repräsentieren eine Welt sozialer Mythen, die wir kennen, mit denen wir aufgewachsen sind und von denen wir sogar geträumt haben. Deshalb, und weil sie so bekannt und populär sind, habe ich mich entschlossen, diese Bilder als ein einziges großes Gemälde im Reich der Sprache und des Nationalgefühls darzustellen. Der Anthropologe C. B. Lewis hat darauf hingewiesen, daß »das Volk keinen Anteil und keinen Vorteil bei der Entstehung von Folklore hat«. Diese Beobachtung trifft offensichtlich in besonderem Maße auf die konzentrierten Anstrengungen der Santa-Fé-Eisenbahngesellschaft zu, ein bestimmtes Image zu schaffen und eine neue Vorstellung vom »primitiven Leben« und der »Wildnis« zu vermitteln. Die Produzenten solcher Denkschemata haben mit ihren

*Tewa-Indianer im Pueblo Santa Clara beim Adlertanz, eine Aufführung für »Abenteuerreisende« der Fred-Harvey-/Santa-Fé-Gesellschaft, 1927.*

Photographien, mit ihren Bildern und Illustrationen entscheidend zur »Amerikanisierung« der Indianer beigetragen. Das Ergebnis ist ein faszinierendes Gemisch aus »Geschichte«, den Sitten und Gebräuchen der Eingeborenen und dem Mythos von der Grandiosität des amerikanischen Westens.

Die dynamische Struktur des Produzierens von Vorstellungsbildern durch eine der mächtigsten Institutionen Amerikas – die Eisenbahn – zu untersuchen, bedeutet, in eine Welt der Illusionen und der Realität gleichzeitig einzudringen. Es überrascht nicht, daß viele der Mythen, die von den Eisenbahngesellschaften propagiert wurden, mit der Realität in Konflikt gerieten. Ich habe an keiner Stelle versucht, über diese Widersprüchlichkeiten, die ein fester Bestandteil des Denkens jener Zeit waren, ein Urteil zu fällen; vielmehr war es meine Absicht, diese Widersprüche aufzuzeigen und bewußt zu machen.

Die Erklärungen zu den einzelnen Bildern sind ein Versuch, hinter die Kulisse des Traums von Kultur zu blicken, die die Werbeabteilung der Santa Fé mit so großem Erfolg errichtet hat. Sie wollen einen Zugang zu den diffusen Bereichen der Erinnerung, des Traums, der Halluzination und der Meditation ermöglichen, deren eigentliche Kernpunkte sich in allen Aspekten des Lebens der amerikanischen Eingeborenen widerspiegeln.

Die William-E.-Kopplin-Sammlung, zu der die in diesem Buch abgebildeten Dias gehören, wird hier zum ersten Mal vorgestellt. Sie ist eine bemerkenswerte Sammlung subtiler, farbenfroher Bilder, die zwischen 1890 und 1930 entstanden – es handelt sich ausnahmslos um handkolorierte Glasplatten – und kurze Einblicke in eine andere Kultur gestatten; was nicht notwendigerweise bedeutet, daß sie einen Zusammenhang herstellen zwischen einer Gesellschaft und dem Bild von dieser Gesellschaft. Trotzdem – ihr unzweifelhafter historischer Wert lohnt die Mühe, daß man sie sich genauer ansieht und kritisch würdigt. Diese Bilder über das Leben der Indianer und die Wildnis haben in der Öffentlichkeit bestimmte, allgemein akzeptierte Vorstellungen hinsichtlich der Indianer und der Landschaft im Südwesten Amerikas geprägt. Mit ihrer Propagierung durch die Eisenbahngesellschaft wurden sie eines der wichtigsten Hilfsmittel bei der Suche nach den Wurzeln, nach einem Gefühl der Zugehörigkeit in einer Zeit, in der die Menschen die »Ungewißheit der suchenden Seele« erlebten.

*T.C. McLuhan*
*April 1985, New York City*

*Es gibt Epochen, in denen die Menschheit, unzufrieden mit der Gegenwart, sich nach den verborgenen Schichten der Zeit sehnt, so wie der pflügende Bauer nach dem jungfräulichen Boden der Zeit lechzt.*[3]

Osip Mandelstam

*»Vater, vergiß nicht – wir leben schließlich im 20. Jahrhundert!« – »Das 20. Jahrhundert! Wenn ich meine Augen zumache, in einen Hut greife und mir irgendein Jahrhundert herausfische, würde ich mit Sicherheit ein besseres erwischen!«*[4]

Dialog aus Billy Wilders Film ›Sabrina‹

# Kollektive Vorstellungswelt und primitive Kultur

## Das kulturelle Phänomen Eisenbahn: Aufruf zu einem neuen Patriotismus

*Laßt mich den Männern, die für die Eisenbahnen in unserem Land arbeiten – seien es nun Manager oder einfache Streckenwärter – zurufen, daß die Eisenbahnen die lebenswichtigen Arterien einer Nation sind, und daß auf ihren Schultern die ungeheure Verantwortung dafür ruht, daß diese Arterien nicht blockiert oder auf irgendeine andere Weise geschwächt oder zerstört werden.*[1]
Präsident Woodrow Wilson (1917)

Die moderne Welt brach mit unerbittlicher Gewalt über das beginnende 20. Jahrhundert herein. In der Gesellschaft gärte es. Es war eine Zeit, in der die Technik überschwenglich gefeiert wurde. Fabriken und Industrien, die unaufhaltsam expandierten, stellten immer mehr Güter für immer mehr Menschen her als je zuvor. Aber die dramatischen Fortschritte in der Weiterentwicklung der Technologie und der Erschließung immer neuer Quellen des Reichtums brachten eine tiefgreifende Umschichtung des sozialen Lebens mit sich. Die stetige Steigerung des Wachstums und des Profits forderte ihren Tribut – sie zerstörte die überkommenen Lebensformen und führte zu ungeheueren Umwälzungen, die das gesamte gesellschaftliche Gefüge bedrohten. Ein neuer, befremdlicher Rhythmus, so mächtig, »daß ein Mensch darüber den Verstand verlieren konnte«[2], ließ den Menschen als solchen in den Hintergrund treten. Die Schnellebigkeit der neuen Zeit, eine Folge der neuen Technologien, brachte eine zunehmende Entfremdung mit sich. Eine freudlose Welt, bestimmt von mechanischer Routine, ließ die menschlichen Belange verkümmern.
Es war aber auch eine Zeit der Hochstimmung und der ungezügelten Lebensfreude, des hemmungslosen Konkurrenzkampfes und unkontrollierter Spekulation. Eine neue Gesellschaft entstand, und im Verlauf ihrer Entwicklung stieß man zu ungeahnten Bereichen menschlicher Möglichkeiten und menschlichen Erfindungsreichtums vor. Das wachsende Tempo und die Tatsache, daß die Entfernungen zusammenschmolzen, schufen neue Dimensionen des menschlichen Lebens. Den stärksten Auftrieb erhielten diese Veränderungen durch die Erfindung der Eisenbahn. Die Lokomotive drang in die Wildnis vor wie ein ungestümer Adler, sie schuf Verbindungen, wurde immer schneller und erschloß jungfräuliches Land; sie dampfte glückspendend durch niedergetrampelte Lilienfelder und verkündete pfeifend und stampfend das technische Zeitalter.
Zu Beginn des 19. Jahrhunderts war die amerikanische Nation geradezu besessen von der Idee der Eisenbahn, obwohl man sich hinsichtlich ihres Nutzens durchaus nicht einig war. »... schnauf! prust! pfeif! – da kommt sie, geradewegs durch die Urwälder, wie die Cholera, die auf einem Kamel einhergaloppiert ...«, verkündete Herman Melville nicht ohne Pathos; er hielt »jenen stählernen Feind«[4] durchaus nicht für eine großartige Errungenschaft des neuen Zeitalters. Für Walt Whitman hingegen gab es kein größeres Wunder als die Eisenbahn. Für ihn »verknüpft sie die Entfernungen wie durch Zauberkraft«, und über seine Erfahrungen als Reisender schrieb er: »Welch stolzes, wildes Vergnügen, wenn ich nachts in meiner Koje in dem luxuriösen Salonwagen liege, gezogen von der mächtigen Baldwin – sie wird zu einem lebendigen Wesen, und erfüllt mich mit sanftester Bewegung und unbändiger Kraft ... Ein Hauch von Gefahr ist der eigentliche Reiz dabei. Und so fahren wir dahin, ratternd und funkensprühend wie ein Blitz ...«.[5] Emily Dickinson genoß den Anblick eines näher kommenden Zuges: »Ich sehe gern, wie die Meilen er verschlingt und sich durch die Täler frißt ...«[6].
Für Emerson war »eine Reise mit der Eisenbahn wie ein Traum«[7]. Hawthorne hingegen konnte den »langgezogenen, gellenden Schrei« der Lokomotive nicht ertragen,

Der amerikanische Fortschritt. *Farblithographie nach einem Gemälde von John Gast, 1872, reproduziert in George Crofutts* Western World, *1973: Der Künstler erfaßt hier – wie er selbst auf der Rückseite des Bildes erläutert – »auf einen Blick das großartige Schauspiel vom Fortschritt der Zivilisation, der Besiedelung und Geschichte unseres glücklichen Landes«. Der Evolutionstheorie des 19. Jahrhunderts entsprechend, zeigt er die Symbolfigur des Fortschritts – mit dem Stern des Staates auf der Stirn, einem Buch unterm Arm, das für die allgemeine Schulpflicht steht, und einen Telegraphendraht hinter sich herziehend –, vor der Indianer, Bären, wilde Pferde und Büffel fliehen; in ihrem Gefolge die verschiedenen Entwicklungsstadien der Landnahme und der verkehrstechnischen Erschließung beim unaufhaltsamen Zug der amerikanischen Gesellschaft gen Westen.*[3]

der eine Geschichte von »der Unruhe der ganzen Welt« erzählt.[8] Hart Crane stand der neuen Technologie der Eisenbahn skeptisch gegenüber und beschrieb sie als eine »majestätische Wildnis aus Fracht und Schienen«[9].

Ein anderes Beispiel technologisierter Sprache – in bezug auf die Eisenbahn – ist Thomas Wolfes Beschreibung von Gefühlen des Stolzes und der Hoffnung, die er bei einer Eisenbahnreise empfand: »In Amerika spürt man im Zug ein Gefühl wilder und einsamer Freude, eine Sensation, die einen andringt aus der ungebändigten, uneingezäunten, unendlichen Wildnis, durch die der Zug dahinbraust, und dazu eine wortlose, nicht auszusagende Hoffnung, die in einem aufkommt bei dem Gedanken an die verzauberte Weltstadt, der man entgegeneilt, und an die ungekannten, fabelhaften Verheißungen des Lebens, das man dort finden wird.«[10]

In Europa sind die Reaktionen ähnlich. Wordsworth verabscheute diese »gottlose Erfindung«. Und für Charles Dickens hatte das Stahlroß die gleiche Wirkung wie »ein Erdbeben, begleitet von Blitz und Donner«, das »verschwörerisch unbekannte Botschaften in die Luft« raunt.[11]

Verlaine war entzückt von dem ratternden Rhythmus des Zuges und verglich die neue, panoramatische Erfahrung mit einer ungewöhnlichen, neuartigen Melodie:

»Die Landschaft im Geviert des Wagenfensters rast wild
Vorbei, und ganzer Flächen fliehndes Wechselbild
Mit Wasserlauf und Korn und Baumbestand und Himmel
stürzt sich dahin in grausam wirbelndem Gewimmel;
Gemessen fallen schmale Telegraphenstangen,
daran der Drähte sonderbare Schnörkel hangen.«[12]

In einem Brief vom 22. August 1837 beklagte Victor Hugo,

wie sehr die Landschaft verzerrt werde, wenn man sie durch die Scheiben eines dahinrasenden Zuges sieht: »Die Blumen am Feldrain sind keine Blumen mehr, sondern Farbflecken, oder vielmehr rote oder weiße Streifen; die Getreidefelder werden zu langen gelben Strähnen; die Kleefelder erscheinen wie lange grüne Zöpfe; die Städte, die Kirchtürme und die Bäume führen einen Tanz auf und vermischen sich auf eine verrückte Weise mit dem Horizont; ab und zu taucht ein Schatten, eine Figur, ein Gespenst an der Tür auf und verschwindet wie der Blitz, das ist der Zugschaffner.«[13]

Ironischerweise entwickelte sich aus den unterschiedlichen Reaktionen auf die neue Kultur der Eisenbahn eine eigene Rhetorik der Technologie – eine Sprache, die in schroffem Gegensatz zu der vorherrschenden Tradition stand, die die Unantastbarkeit der Wildnis verherrlichte. Jene Einstellung fand ihre Entsprechung in einer Rhetorik der Natur. Um die Jahrhundertwende institutionalisierte die Atchison-, Topeka- und Santa-Fé-Eisenbahn – mit Hilfe einer verwirrenden Vielfalt von Reklamesprüchen – eine Terminologie, die man als »Rhetorik der Zugehörigkeit« bezeichnen muß, eine Sprache, die den Boden, die Wurzeln, das Land vereinnahmte. Auf diese Weise sollte die unausweichliche Entfremdung des Menschen von der Natur gemildert werden, die mit der Erfindung der Eisenbahn eingesetzt hatte. Die Photographien, Dias, Illustrationen und Bilder in den Almanachen, deren Thema das Leben der Indianer im amerikanischen Südwesten ist, und die in diesem Buch abgebildet sind, bezeichnen verschiedene Aspekte aller drei Sprechweisen. In dieser Hinsicht war die visuelle Kunst der wichtigste Bestandteil einer in der Geschichte des amerikanischen Geschäftslebens neuartigen Vermengung: der kollektiven Herstellung einer bestimmten Vorstellungswelt mit Hilfe der »primitiven Kultur«.

Die Atchison-, Topeka- und Santa-Fé-Eisenbahngesellschaft »entdeckte« die vielfältigen und poetischen Verwendungsmöglichkeiten der Wildnis und des Lebens der Indianer und vermarktete sie, um der Eisenbahn eine umfassende nationale Identität zu verschaffen. Die Steigerung der wirtschaftlichen Bedeutung der Atchison-, Topeka- und Santa-Fé-Gesellschaft wurde dabei genauso wichtig wie die Entwicklung einer Strategie, die die Wüsten im Südwesten mit ihren verborgenen Reichen unbekannter Kulturen mit dem sich ausdehnenden Transportsystem der Bahn und ihrem einzigartigen Service entlang der Strecken verbinden sollte.

Das Land im Südwesten und das Leben in dieser Region mußten in neuen, verführerischen Farben ausgemalt werden, um die Bedenken der breiten Öffentlichkeit zu zerstreuen, daß man durch ein allem Anschein nach abschreckendes, nur aus Wüsten und Bergen bestehendes Gebiet fuhr. Im gleichen Maße, wie sich die »Grenze« historisch und geographisch verschob, erschien dieses Land in der Vorstellung immer größer und ausgedehnter. Dies bot der Atchison-, Topeka- und Santa-Fé-Gesellschaft eine einzigartige Gelegenheit, ein faszinierendes neues Phantasiebild zu entwerfen, das Erdverbundenheit suggerierte und Erinnerungen an das ursprüngliche Amerika weckte.

## Die Wildnis und der Geist Amerikas

*»In der Wildnis bewahrt sich die Welt. Jeder einzelne Baum streckt seine Fasern aus auf der Suche nach der Wildheit ... Aus dem Wald und der Wildnis erklingen die Grundtöne und Dissonanzen, die die Menschheit in sich schließen.«*[1]

Henry David Thoreau (1863)

*»... (die) großartige Szenerie im Innern einiger unserer westlichen und südlichen Distrikte ..., in dem die ungestümsten Paradiesträume Wirklichkeit geworden sind ... Tatsächlich liegen die wahren Paradiese des Landes weitab vom Pfade unserer eigenen, doch höchst besonnenen Reisenden ... Kein Phantasiegebilde kommt ihm gleich ... Denn Schönheit ist sein ganzes Wesen.«*[2]

Edgar Allan Poe (1844)

Zur gleichen Zeit, als die amerikanische Eisenbahn allmählich das Bild der amerikanischen Landschaft zu dominieren begann, entwickelte sich ein nie gekanntes Bewußtsein für die natürlichen Schönheiten des Landes. W. B. Yeats stellte fest, daß neue Erfahrungen ein »Gefühl der Vielfältigkeit«[3] auslösen. Man stelle sich nur vor, wie beeindruckt ein Reisender sein muß, der zum ersten Male den Grand Canyon, eine der wildesten Schönheiten der

*Touristen lassen sich vor einem Handelsposten zusammen mit einer Navaho-Frau und einem Indianer photographieren.*

Natur, sieht. »Die Leute standen sprachlos da, bis sie ohnmächtig wurden oder zu beten anfingen ... (und) andere bestaunten einfach diesen Anblick oder beklagten sich, wie teuer das alles sei.«[4] Washington Irving schrieb 1851 über die »zauberische Wirkung«[5], die die Umgebung auf seine Vorstellungskraft hatte, als er zum ersten Mal die Catskill Mountains erblickte. Angesichts des Schauspiels, das die Niagara-Fälle boten, war ein Reisender »wie vom Donner gerührt durch die Majestät und Herrlichkeit dieses überwältigenden Anblicks«[6].

Bis in die dreißiger Jahre des letzten Jahrhunderts war Amerika gefangen in seiner eigenen Wildheit, der ungebändigten Wucht der eigenen Unergründlichkeit. Wildnis war das eigentlich Charakteristische. Es sollte nie mehr einen solchen Garten Eden geben, denn schon bald wurde das Land in einen gehegten und gepflegten Garten verwandelt.

Gegen Ende des 19. Jahrhunderts war die Maschine in diesen Garten eingedrungen, hatte sich die heiligen Berge, die ehrfurchtgebietenden Katarakte, die endlosen Ebenen und die urzeitlichen Wälder unterworfen.[7] Das freie Unternehmertum hatte wenig Sinn für das Pittoreske, und die Eisenbahn machte in dieser Hinsicht keine Ausnahme. Jede technische Neuerung zog eine unbarmherzige Zerstörung von »Landschaften« nach sich. »Man dachte nur in den Kategorien von Preisen«, schrieb der Dichter Archibald MacLeish, ein unbestechlicher Kommentator der Geschichte Amerikas; »sie haben sich die Landschaft nie angesehen: Warum sollten sie auch? Sie wollten Reiche gründen: Es ging um Angebot und Nachfrage und um ihren Kontostand.«[8] Darüber hinaus galt jegliche Beschränkung des freien Unternehmertums als unamerikanisch, und »derjenige, der sich des größten Anteils an den natürlichen Ressourcen bemächtigen konnte, war der beste Staatsbürger. Reichtum und Tugend trotteten im gleichen Geschirr.«[9]

Das vorherrschende geistige Klima führte zu der trügerischen Annahme, daß die Ressourcen des Landes unerschöpflich seien. Der Fortschritt wurde verherrlicht. Wie eine Gottheit erschien er, als Engel, der das Buch der Weisen und die Waffen der neuen Technologie, die Telegraphie und die Eisenbahn, brachte.[10] Dieser »gütige Genius« verlor keine Zeit, tief und unwiderruflich in die Eigenart und Struktur der amerikanischen Wildnis einzugreifen. Sinn und Zweck der Eisenbahn war es, Kultur in der Wildnis zu entdecken, und nachdem man ihr Potential erkannt hatte, begann man unverzüglich, sie auszubeuten. Als das 20. Jahrhundert mit den Salutschüssen der neuen Technologie begrüßt wurde, befand sich Amerika im Aufbruch. Es war eine Zeit der Spontaneität. Des Hier und Jetzt. Des Wunders. Die Grenze verschob sich immer weiter, und aus Land wurde schnell Landbesitz. Die amerikanischen Indianer wurden gezwungen, ihren Lebensraum zu verlassen, den Mittelpunkt ihrer Welt zu demontieren und in eine desorientierte Ungewißheit zu gehen – mit den Worten des Dichters Robert Lowell: in »eine Wildnis, in der es keine Bindungen mehr gab«[11]. Sie wurden von ihrem Land, der Nabelschnur zu ihrer Seele, abgeschnitten, und gingen im Gewirr der Spekulationen und des Gewinnstrebens, das die Expansion nach Westen mit sich brachte, unter. Eine alte Wintu-Indianerin sagte einmal: »Wie könnte der Geist der Erde den Weißen Mann lieben? ... Überall, wo der Weiße Mann sie berührt hat, ist sie unfruchtbar geworden.«[12]

Eine aggressive neue Welt nahm Gestalt an. Der Einwandererstrom in den Westen riß nicht ab, aber Amerika, in zunehmendem Maße vom Sog neuer, aufstrebender Technologien mitgerissen, mußte feststellen, daß seine Identität nur schwer zu bestimmen war. Die Menschenmassen in den Städten waren die plötzliche Wildnis von Lärm und harter Knochenarbeit nicht gewohnt, die die neuen Städte charakterisierte. Man hatte allgemein das beklemmende Gefühl, daß es mit dem »Pittoresken«, seiner Bedeutung und seinem Nutzen zu Ende war. Eine geistige Verarmung trieb viele Menschen dazu, nach neuen Stätten des Heils zu suchen; Amerika besann sich auf sich selbst und suchte eine Orientierungshilfe in Mythen und Legenden. Diese erwiesen sich als sehr nützlich und wirksam, da sie ein Gefühl der Geborgenheit, der Zugehörigkeit, der Identität vermittelten. Die Suche nach einer »Erleuchtung des Geistes«[13] wurde zu einer Suche nach Einheit.

Der furchterregende Schatten amerikanischer Omnipotenz und der Aneignung neuer Territorien ging den Traumfabrikanten der Santa-Fé-Eisenbahn voraus. In einem Überschwang patriotischer Gefühle und süchtig nach einem Idealbild appellierten sie an den Nationalstolz und forderten dazu auf, bei einer Entdeckungsreise »die ursprüngliche, schöne und sorglose Begeisterung neu zu erleben«[14]. Überall wurde dazu aufgerufen, das eigene Land kennenzulernen. Die Werbesprüche der Atchison-, Topeka- und Santa-Fé-Eisenbahn verhalfen der Nation zu einer Vorstellung vom typisch amerikanischen Leben der Indianer und von der Wildnis.

## Die Santa-Fé-Eisenbahn: Die Entstehung einer neuen Image-Industrie

*Der Stahl der Eisenbahn ist ein Zauberstab mit seiner Macht, die schlummernden Energien des Landes und des Wassers zu wecken.*[1]
Ralph Waldo Emerson (1844)

Zu Beginn unseres Jahrhunderts stand die Santa-Fé-Bahn in einem erbarmungslosen Konkurrenzkampf mit anderen Eisenbahngesellschaften um ihren Anteil am Reise- und Frachtverkehr im amerikanischen Südwesten. Die Anfänge dieser Eisenbahnlinie waren allerdings sehr bescheiden. 1859 existierten Atchison und Topeka lediglich auf dem Papier, als eine Eisenbahnlinie, die vom Staat Kansas genehmigt worden war. Der Name Santa Fé wurde erst vier Jahre später, 1863, hinzugefügt, da man hoffte, sich auf diese Weise eine finanzielle Unterstützung durch die Bundes- und auch die Staatsregierung zu sichern. Schon bald bezeichnete man die Atchison-, Topeka- und Santa-Fé-Eisenbahngesellschaft einfach als »die Santa Fé«[2].

Aber erst 1869 wurden die ersten Schienen verlegt. Sie erstreckten sich lediglich über 27 Meilen, von Topeka bis Burlingame in Kansas. Ein Jahr später reichte die Eisenbahnverbindung 43 Meilen weiter, bis nach Emporia, Kansas. Die erste wirklich bedeutende Erweiterung des Streckennetzes war das Ergebnis der gewaltigen Anstrengungen, die Eisenbahnlinie um 380 Meilen nach Westen, bis an die Grenze von Colorado, voranzutreiben. Damit hatte die Santa Fé 1873 eine Bedingung der Bundesregierung erfüllt, die ihr Land überlassen hatte; sie war nun Eigentümerin von drei Millionen Morgen Land entlang dem Arkansas River in Westkansas. Die Santa Fé verkaufte in kürzester Zeit das ganze Land an Siedler und schuf sich so eine solide finanzielle Basis für weitere Expansionen, die sie in heftige Konkurrenzkämpfe mit anderen Eisenbahngesellschaften – der Kansas Pacific, der Southern Pacific und der Denver and Rio Grande – um das Gebiet im Südwesten verwickelten. Die folgenden zwanzig Jahre waren eine Zeit mörderischer Anstrengungen, sich den Zugang von Colorado nach Kalifornien zu sichern, durch ein Gebiet, auf dem später die Staaten New Mexico und Arizona entstanden.

Eine bemerkenswerte Episode im Verlauf dieser Auseinandersetzungen verdient es, eigens erwähnt zu werden: In den Jahren 1877 bis 1878 fühlten sich zwei konkurrierende Eisenbahngesellschaften – die Santa Fé und die Denver and Rio Grande – gezwungen, bewaffnete Streitkräfte zu unterhalten, um ihre territorialen Ansprüche geltend zu machen – ein beispielloser Vorgang in der Geschichte der Eisenbahn. Daß sie zu diesem extremen Mittel griffen, war Ausdruck der verzweifelten Anstrengungen beider Seiten, das Wettrennen, wer die Schienen über den strategisch wichtigen Raton-Paß verlegen würde – den einzigen Zugang zu den Hochebenen von New Mexico von Colorado aus –, für sich zu entscheiden. Mit Mühe und Not, und weil sie ein paar Stunden früher losgefahren war, gewann die Santa Fé dieses Rennen.

Typischer für die unternehmerischen Konflikte in den 70er und 80er Jahren zwischen der Santa Fé und ihren Hauptkonkurrenten waren Preiskriege und Übergriffe in die Territorien der Konkurrenten durch das Verlegen von Zubringerlinien, die von den Hauptstrecken abzweigten. Die Blütezeit des Ausbaus des Eisenbahnnetzes in den Vereinigten Staaten fiel in die Jahre zwischen 1880 und 1890; damals wurden 70 000 Meilen Schienen verlegt. Obwohl auch nach 1890 der Ausbau weiter vorangetrieben wurde, waren doch die wichtigsten Linien zu dieser Zeit schon fertig.[3]

Gleich zu Beginn hatte die Strategie der Santa Fé den Erfolg, daß zumindest einer der Konkurrenten, die Kansas Pacific, ausgeschaltet wurde. Die stetige Erweiterung des Schienennetzes barg jedoch auch Risiken in sich. Die neue Hauptstrecke von Kansas City nach Chicago brachte nicht genügend Gewinn, um die enormen Baukosten zu decken. Man versuchte, dieses Problem durch eine überaus großzügige Dividendenausschüttung zu lösen. Statt die Gewinne für Instandhaltungs- und Konstruktionskosten einzusetzen, wollte die Santa Fé ihre Aktionäre zufriedenstellen. 1893 schließlich führten die maßlose Gier der Santa Fé nach immer mehr Land und die miserable Finanzpolitik zu ihrem Bankrott.

1896, als die Eisenbahngesellschaft gerade die Folgen des Konkurses überwunden hatte, sah sich der neue Präsident der Santa Fé, E. P. Ripley, mit dem Problem konfrontiert, das Stigma des Bankrotts auszulöschen und das negative Image der Gesellschaft als eines arroganten Vertreters des freien Unternehmertums und damit typisch für das 19. Jahrhundert aufzuheben. Was man brauchte, war neues Ansehen und Glaubwürdigkeit.

Ripley begann, sich konsequent mit den Möglichkeiten zu beschäftigen, das ramponierte Image dieser »Roststrähne« durch Werbung aufzupolieren. Bislang hatte man sich kaum Gedanken über eine Werbung für die Santa Fé gemacht und sie, wenn überhaupt, nur punktuell und willkürlich eingesetzt. Jetzt setzte die Eisenbahngesellschaft ganz auf das Erbe Amerikas – die Wildnis und die Indianer. Dramatisch patriotisch in ihrem Tenor, wurden die Werbekampagnen zu einer Hymne auf das *ursprüngliche* Amerika. Man nutzte und ermutigte die Wunschvorstellung, in die entlegensten Bereiche der Wildnis vordringen zu können, wo eine ideale neue Welt den Ankommenden erwartete – das exotische, freie Leben in einem Paradies auf Erden. Allerdings erforderte das von den Werbeleuten den vollen Einsatz ihrer Erfindungsgabe, denn es galt, die ernüchternde Realität dieses letzten Außenpostens zu verschleiern, den man immer als »Land von geringem Wert, den schäbigsten Teil der Großen Wüste Amerikas« bezeichnet hatte, »wo zerklüftete Hochebenen und steil aufragende Berge die unfruchtbaren Ebenen im Osten von den ausgetrockneten Wüsten im Westen trennten ... Gemessen an den Vorstellungen jener Zeit war das Kernland des Südwestens eine öde, trostlose Gegend; sein einziger Wert für die Nation bestand darin, daß es als geographische Verbindung beim Bau der transkontinentalen Eisenbahnstrecken genützt werden konnte, die das Mississippi Valley und die Pazifische Küste miteinander verbanden.«[4]

Die öden Plateaus des südlichen Westens waren oft Schauplatz von Konflikten mit den eher unangenehmen Seiten der Natur, die immer sehr heftig verliefen. Unvorhergesehene Gewitterstürme walzten zuweilen alles in Sichtweite nieder, und plötzliche Überschwemmungen machten ein Vorwärtskommen unmöglich. In diesem Land der Sandstürme und der unerträglichen, sengenden Hitze mit ihrer tödlichen Trockenheit überquerte man eine unselige Schwelle in die Fremde, die Mark Twain 1861 in einem Brief an seine Mutter eindringlich geschildert hat: »Hier wachsen keine Blumen, und nichts Grünes erfreut das Auge. Die Vögel, die das Land hier überfliegen, tragen ihre Vorräte mit sich ... Wenn man Beifußblätter zerdrückt, verströmen sie einen Geruch, der nicht unbedingt dem Duft von Magnolien ähnelt, aber ebensowenig dem eines Stinktiers – es ist vielmehr eine Art Kompromiß zwischen beidem.«[5]

Aber entlang der Route stieß man immer wieder auf wahre Herrlichkeiten, und die Santa Fé besaß das Wegerecht durch einige der aufregendsten Szenerien, die die Schöpfung zu bieten hat. Genau das wurde immer wieder hervorgehoben: die geradezu moralische Verpflichtung der

*Gerald Cassidy:* Ausflug ins Land der Indianer, *ca. 1922. Das La-Fonda-Hotel in Santa Fé, New Mexico, wo das Original (Öl auf Leinwand, ca. 210 × 345 cm) zu sehen ist, gestattete freundlicherweise den Abdruck des Bildes. Es ist hier zum ersten Mal reproduziert – ein Beispiel für Cassidys Spezialität: Historiengemälde in riesigen Formaten. Cassidy litt an Tuberkulose und ließ sich 1912 in Albuquerque nieder; zwei Jahre später zog er dann nach Santa Fé. Er war einer der Gründer der dortigen Künstlerkolonie und entwarf auch Eisenbahnplakate. Große Beachtung als ernst zu nehmender Maler fand er mit dem Wandgemälde Die* Klippensiedler im Südwesten *und dem Bild* San Juan. *(Photographie: Robert Nugent)*

Eisenbahn, diese Landschaft der Zivilisation und das Land dem Tourismus zu erschließen. Man erkannte, daß die Wildnis im Westen ästhetische und ideelle Qualitäten hatte, die in den großen Städten unvorstellbar waren, und machte den Tourismus zu einer neuen Religion.

William Haskell Simpson, dem stellvertretenden Leiter der Abteilung für den Personenverkehr, der mehr als zweiundzwanzig Jahre lang für die Werbung zuständig war, fiel die Aufgabe zu, eine ganze Nation potentieller Kunden anzulocken; er sollte die Idee einer »Eisenbahn für jedermann« propagieren – ein Werbetrick, um die unterschwelligen Vorurteile gegen eine Eisenbahn, die nur für diejenigen da war, die nach »Land, Büffeln und Gold jagten«[6], völlig umzukehren.

Simpson hatte seine Kindheit und Jugend in Lawrence, Kansas, verbracht; nach dem Abschluß seines Collegestudiums begann er 1880 als Angestellter in der Werbeabteilung der Zentrale für den Passagierverkehr der Santa Fé in Topeka. 1900 wurde er Generaldirektor und Geschäftsführer der Reklameabteilung. Simpson leitete das – wie eine Zeitschrift, *The Santa Fé New Mexican*, es beschrieb – »ausgeklügeltste, ehrgeizigste und effektivste Werbeprogramm, das eine Eisenbahngesellschaft je gestartet hat«. Die »Werbekunst« wurde hier zum ersten Mal in großem Maßstab eingesetzt. »Ich glaube, wir waren die erste Eisenbahnlinie im ganzen Land, die Kunst als Mittel der Werbung ernst genommen hat«, erklärte Simpson einem Reporter. »Wir haben dabei keine Kosten gescheut. Wir arbeiten mit den besten Kunstwerken, die man kaufen kann, und wir reproduzieren sie auf die technisch vollkommenste Weise. – Und trotzdem«, fuhr er fort, »trotzdem wollen wir uns nicht selbst zu ernst nehmen ... Aber wir scheuen auch nicht davor zurück, neue Wege zu gehen.«[7]

Der »neue Weg« wurde in den neunziger Jahren beschrit-

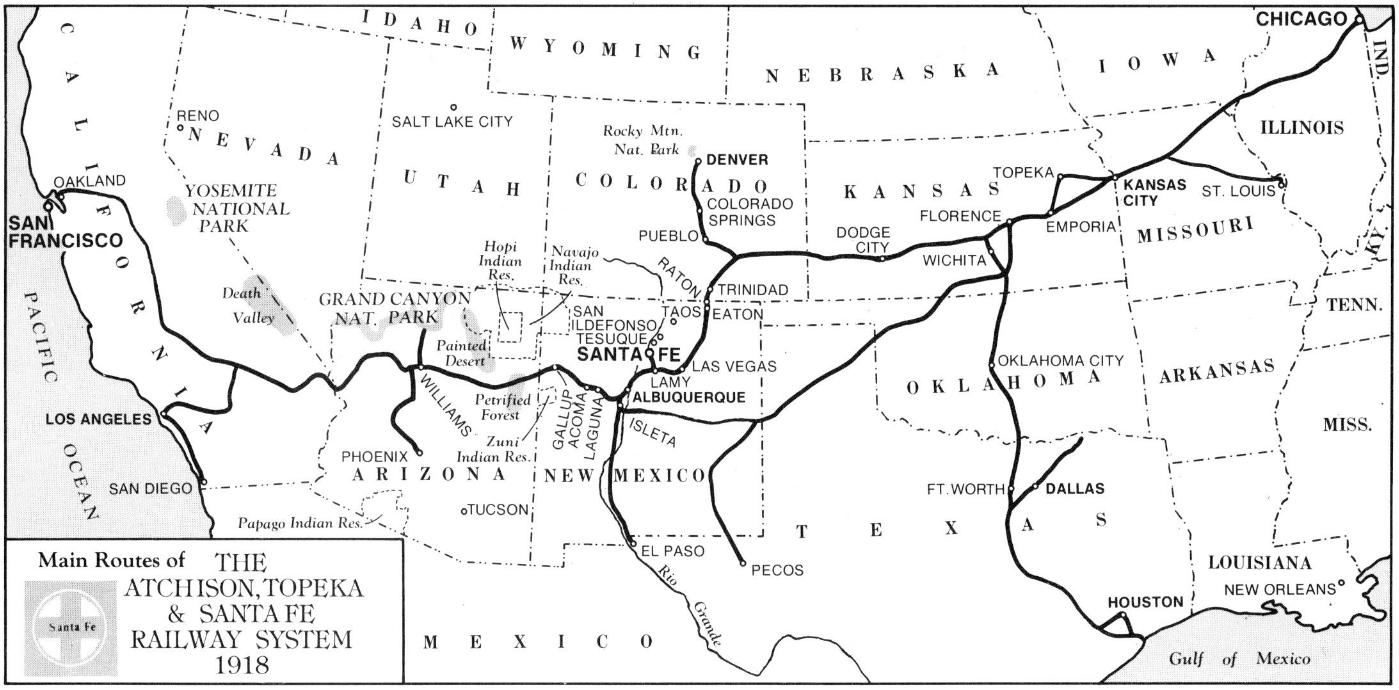


*Die wichtigsten Verbindungslinien im Streckennetz der Atchison-, Topeka- und Santa-Fé-Eisenbahngesellschaft im Jahre 1918 (Karte: Christopher L. Brest nach einer älteren Vorlage).*

ten, als die Santa-Fé-Geschäftsleitung einige berühmte Künstler auf ihre Besitzungen im Südwesten einlud. 1892 gab die Gesellschaft dem renommierten Maler Thomas Moran den Auftrag, als Gegenleistung für Transport, Unterkunft und Verpflegung ein Bild vom Grand Canyon zu malen. Es wurde ein erstaunliches, ein heroisches Bild. Die Santa-Fé-Gesellschaft ließ *Grand Canyon* als Sechsfarbenlithographie reproduzieren und verteilte Tausende von Abzügen im ganzen Land.

Zu dieser Zeit erkannte die Eisenbahngesellschaft auch, welche einzigartige Möglichkeiten sie einem Künstler eröffnen konnte. – Charles F. Lummis, Schriftsteller und begeistert von der Kunst in Westamerika und den unberührten Landschaften im Südwesten, schrieb: »Es war reiner Zufall, daß die Santa Fé, als sie für ihre Linie den Weg des geringsten Widerstands mitten durch die ›Große Amerikanische Wüste‹ wählte ..., das Interesse des Künstlers am Südwesten mitten ins Herz traf. Es gibt auf der ganzen Welt keine Eisenbahnlinie ..., die in ein ähnlich malerisches Wunderland hinsichtlich seiner Topographie wie auch seiner Bewohner – vorstößt.«[8] Im gleichen Jahr machte die Santa Fé Fernand Lungren das Angebot, Zeichnungen und Bilder für ihre Werbekampagnen anzufertigen; er machte bald als *der* Maler des Westens Karriere, und sein ganzes Leben malte er Wüstenmotive aus dem Südwesten.

Simpson selbst war ein engagierter Bewunderer von Kunst und Literatur, und schon sehr bald erkannte er die Bedeutung des Pittoresken als eines der zugkräftigsten Mittel, den Südwesten für Touristen attraktiv zu machen. Er holte auch noch andere Künstler dorthin, und 1906 erlebte die Auftragskunst einen ihrer Höhepunkte, als Simpson William R. Leigh überredete, in den Westen zu kommen. Leigh hatte einen legendären Ruf als Maler und Illustrator – er war bekannt als der »Beifuß-Rembrandt«. Der Westen hatte ihn seit seiner frühesten Jugend gereizt, und er sprach vielen seiner Zeitgenossen aus der Seele, als er sich diese Sehnsucht ins Gedächtnis zurückrief. »Seit ich von meinen Studienreisen in Europa zurückgekehrt war, wollte ich in den Westen; für mich stand bereits fest, daß dies das wirkliche, eigentliche Amerika war und daß ich das malen wollte. Ich habe mehrere Anläufe unternommen, scheiterte aber immer wieder an fehlenden Mitteln und Fehlinformationen über die Kosten und Schwierigkeiten des ganzen Unternehmens.«[9] Leigh spezialisierte sich auf die Darstellung des Lebens der Cowboys und Genreskizzen aus den Grenzgebieten; seine Bilder vom Grand Canyon wurden ein phantastischer Erfolg. Dieses Erlebnis markierte einen Wendepunkt für Leigh. Er erklärte: »Niemals in der ganzen Geschichte der Menschheit, zu keiner Zeit und nirgendwo hat es je eine Landschaft gegeben, die derart zum Bildermalen oder Geschichtenerzählen geschaffen ist.«[10] Die Santa Fé kaufte fünf seiner Gemälde, stellte sie in ihren Hotels aus und publizierte sie in Reproduktionen, um für ihre neuen Zweiglinien zu werben.

1907 begann die Eisenbahngesellschaft mit der Herausgabe ihres Almanachs, der im Rahmen einer der wohl größten Postaktionen in der Geschichte der Werbung gratis verteilt wurde. Was der Künstler für die Landschaft bewerkstelligte, das tat der Almanach im Hinblick auf die Indianer. Der Almanach machte die Öffentlichkeit auf die Existenz der Eisenbahn und auf die Existenz einer indianischen Kultur im südlichen Westen aufmerksam. Dieser Jahreskalender hatte jeweils ein bestimmtes, auf die Indianer bezogenes Thema, meist romantischer Art, und war mit Originalwerken aus den neu gegründeten Künstlerkolonien in Taos und Santa Fé illustriert. Hunderttausende solcher Kalenderblätter fanden ihren Weg in Schulen, Kaufhäuser und in die Wohnungen von Aktionären der Santa-Fé-Gesellschaft. Der »Santa-Fé-Indianer«, die Leitfigur des Kalenders, wurde ins Leben gerufen. Diesen Indianer umgab eine Aura von Verwunschenheit. Ein unfaßbares, absolutes Sein. Sinn und Zweck war, ein strahlendes Bild vom Leben der Indianer zu entwerfen.

Der Santa-Fé-Indianer repräsentierte einen Prototyp der vorindustriellen Gesellschaft. Einfachheit. Freiheit. Würde. Sie bestimmten Leben und Kultur in der »freundlichen« Oase von Santa Fé, inmitten der Wüste des Südwestens. Die Santa Fé brauchte dringend ein mächtiges Symbol, um Aufmerksamkeit zu erregen, und so bediente man sich des Indianers und seiner Kultur, um für das Unternehmen ein zugkräftiges Markenzeichen zu entwerfen, das die Phantasie der Amerikaner anregen sollte. Die Bilder in den Almanachen und die Namen aus dem indianischen Wortschatz, die die Santa Fé ihren Zügen gab (beispielsweise »Häuptling«, »Navaho« oder »Großer Häuptling«), ermöglichten den Leuten ohne weiteres eine Identifizierung mit den Indianern. Die Vereinnahmung des Indianers erwies sich als wichtiger Schritt auf dem Weg zur Synthese zwischen der Erzeugung einer kollektiven Vorstellungswelt und der primitiven Kultur.[11] Obwohl dies nicht ausdrücklich ein Werbeziel der Santa Fé war, ließ diese Methode die Indianer doch zu symbolischen »Kürzeln« des amerikanischen Erbes werden. Der Erfolg des Unternehmens gründete auf der Sehnsucht der amerikanischen Öffentlichkeit nach einem Gefühl von Zugehörigkeit, der Suche nach den »Wurzeln« und dem unbewußten Wunsch nach Verdrängung einer von Gewalt geprägten Vergangenheit.

Die von der Santa Fé vollzogene schöpferische Synthese zwischen Geschäftsinteressen und Kultur war ein einzigartiger Vorgriff auf moderne Werbestrategien. Diese Kampagne appellierte vor allem an den Patriotismus: Die Amerikaner sollten das eigene Land kennenlernen. Die Reklamebilder von Landschaften und Indianern verkörperten malerische Schönheit und warben für »eine letzte Zufluchtsstätte in einem Reich der Magie, der Berge und der seltsamen Vorfahren«. Sie weckten aber auch einen Sinn für den mythologischen Ort – ein ferner Westen als das Land voller Naturwunder, das das Versprechen ganz neuer Erfahrungen in sich trägt, einschließlich einer »rituellen Grenzüberschreitung« vom vertrauten Osten in den wilden, exotischen und irgendwie gefährlichen Westen, wo die »normalen« Regeln keine Gültigkeit haben. Die Bilder hatten eine erfrischende und aufreizende Wirkung. Diese Phantasien in Technicolor waren der wichtigste Impuls für die suggestive Wirkung der Eisenbahnreklame. Ihr Einfluß auf die Öffentlichkeit war enorm.

Da es das Hauptziel der Santa Fé war, die Zahlen im Passagier- und Frachtverkehr zu steigern, überrascht es eigentlich, daß die Werbeleute ausgerechnet die Komplexität von Land und Leuten ansprachen, um für die Eisenbahn Reklame zu machen. Andererseits bekundeten sie damit ihren Anspruch auf das kulturelle Erbe der amerikanischen Indianer und erweckten so den Eindruck, eine fachkundige »ethnographische Autorität« zu sein; dabei drängten sie sich einer anderen Kultur nur auf, vereinnahmten sie in Bild und Schrift. Obwohl die Santa-Fé-Angestellten nur wenig über Funktion und Bedeutung dieser Kulturen wußten, die sie schilderten, konnten sie doch symbolträchtige und treffende Bilder vom Leben der Südwestindianer schaffen. Der Eisenbahngesellschaft gelang es, diese Bilder ihren eigenen Plänen zur Ausweitung des Unternehmens, zur Steigerung des Umsatzes und für den Ausverkauf des Westens an Siedler und Touristen dienstbar zu machen. Derartige Werbeklischees wurden in den Almanachen, die ein großes Publikum erreichten, auf Plakaten, in Broschüren, Fahrplänen und Inseraten in Zeitungen und Zeitschriften verbreitet. Auf diese Weise vermittelte die Santa Fé dem Touristen das Gefühl, einen wesentlichen Bestandteil seines kulturellen Erbes zu entdecken.

Die Öffentlichkeitsarbeit der Santa Fé war außerordentlich erfolgreich. Sie wurde zu ihrem wertvollsten Kapital. Und sie legte den Grundstein für eine nationale Identität, nach der die Institution Eisenbahn so sehr suchte. Der Slogan der Zugehörigkeit fiel auf fruchtbaren Boden, und die »Amerikanisierung« der Indianer nahm ihren Lauf.

Nationalgefühl, Kultur, Phantasie und die romantischen Vorstellungen vom Westen – das waren die Grundlagen, auf denen die Werbestrategie der Santa Fé aufbaute. Die Werbeleute der Gesellschaft waren sich zweifellos der Gemeinsamkeiten zwischen der romantischen Eisenbahnfahrt und dem romantischen Bild vom amerikanischen Indianer bewußt. Die Vermengung dieser beiden Elemente führte unausweichlich dazu, daß sie oft kopiert wurde. Der »Zeitgeist« – neue Territorien und Kulturen zu erforschen – bot den Schöpfern dieser Vorstellungswelten unerschöpfliches Material. Geschichten, in denen die großen Abenteuer des Reisens mit der Bahn aus dem Blickwinkel der Ingenieure und Streckenbauer beschrieben wurden, waren ein sehr beliebtes Genre. »Anthropologische« Studien über das Leben der Indianer erschienen regelmäßig in Zeitungen und Zeitschriften.[12]

Das Erregende an neuen Ländern und fremdartigen, aber

einheimischen Kulturen bildete das zentrale Thema in der Werbung der Santa Fé für den Südwesten. Das läßt ihre Methode »vom Instinkt her völkisch, vom Interesse her füchsisch« erscheinen; dazu kamen raffinierte Geschäftspraktiken. Die romantischen Illustrationen zum Thema Eisenbahn verweisen auf eine fremdartige, herrliche Harmonie, erzählen noch nicht entdeckte Legenden von Amerika. Sie schaffen eine Atmosphäre von Abenteuer und Exotik, preisen das einfache Leben in der Natur und berufen sich dabei auf ein Byronsches Element, das sich gegen jede mechanische Routine wendet. In der Werbebranche an der Pazifischen Küste sprachen alle Leute von den Santa-Fé-Plakaten. Sie waren einfach anders, so etwas hatte es noch nie gegeben. Man hatte ein »Genie der Plakatkunst« entdeckt, das umgehend dem Zugriff der habgierigen Konkurrenten entzogen wurde: Bis zum heutigen Tag ist der Schöpfer vieler von diesen so besonderen, beeindruckenden und populären Illustrationen unbekannt geblieben.

Neben den Plakaten vervollständigten aufwendige Broschüren, Lithographien, Almanache, Dias für die Laterna magica und Landkarten (große und kleine, »mehr als eine Million pro Jahr«) das Spektrum dieses künstlerischen Zaubertheaters.[13] Vorträge über Reisen, in Verbindung mit einer Laterna-magica-Schau, waren eine beliebte Attraktion in Zügen, Schulen, Universitäten und in Kaufhäusern. Oft wurden sie ergänzt durch Kurzfilme, die zehn Minuten dauerten und jeweils einen Aspekt der Kultur oder des Landes veranschaulichten, das die Santa Fé durchquerte. Proviantkörbe mit Dias und Filmen wurden von der Eisenbahngesellschaft allen, die gern lasen oder photographierten, als sehr effektives Mittel zur Anpreisung ihrer Linie zur Verfügung gestellt. Einer Auswahl solcher Dias und Filme ist ein wesentlicher Teil dieses Buches gewidmet.

Maler und Photographen trugen auf ihre Weise zu den erfolgreichen Kampagnen der Santa Fé bei, deren Ziel es war, öffentliches Interesse für den Südwesten zu wecken und sich auf diese Weise einen größtmöglichen Anteil am Passagier- und Frachtverkehr zu sichern, um den die einzelnen Eisenbahngesellschaften konkurrierten. Jeder ihrer Beiträge verdient besondere Aufmerksamkeit.

Die Bilder, die die Maler und Photographen im Auftrag der Eisenbahngesellschaft schufen, unterscheiden sich in wesentlichen Punkten voneinander. Die traditionelle Malerei eröffnete dem jeweiligen Künstler unbegrenzte Möglichkeiten, seinen Gegenstand darzustellen und zu interpretieren. Auf der anderen Seite standen der relativ jungen Kunst der Photographie beträchtlich weniger Variationsmöglichkeiten zur Verfügung. So ergaben sich zwei von Grund auf verschiedene Darstellungsweisen des Lebens der Indianer. Ein weiterer Unterschied, der allerdings zeitlich begrenzt war, übte entscheidenden Einfluß auf die photographischen Darstellungen aus, die die Santa Fé benutzte. Zu Beginn, im Jahr 1839, mußten sich die Photographen mit Schwarzweißbildern begnügen, obwohl die Erfinder der neuen Kunst klar erkannten, daß Farbe sehr von Vorteil gewesen wäre. Da die technischen Voraussetzungen für die kommerzielle Herstellung von Farbphotos erst in den dreißiger Jahren des 20. Jahrhunderts gegeben waren, mußte man sich anderer Methoden bedienen, um farbige Bilder anzubieten. Jedes einzelne der farbigen Dias, die in diesem Buch abgebildet sind, ist das Endprodukt der traditionsreichen Kunst, Schwarzweißphotographien in handkolorierte Bilder zu verwandeln.

Reprinted from the November 1929 issues of The Big 4 Group

Painting by Lon Megargee
Santa Fe
Harveycars
the Indian-detour
The America of Coronado waits for you beside this motor trail —
An enchanted land, where for three days your luxurious Harveycar carries you on a personally-escorted tour of ancient Indian pueblos and prehistoric cliff-dwellings in the New Mexico Rockies between Las Vegas, Santa Fé and Albuquerque.
A new motor link in the Santa Fe cross-continent rail journey to and from California. Only $50, with everything provided, meals, accommodations with bath every night and motor transportation.
Extended Motor Land Cruises by Harveycar can be arranged at any time to penetrate most any part of the Santa Fe Southwest. Rates are by the day and include car expense, meals and accommodations, private courier service and driver.

Santa Fe
Harveycars
Indian-detours
-Most distinctive Motor Cruise service in the world

back through the centuries
PECOS RUINS
Santa Fe
Harveycars
the Indian-detour
Bulletin No.1
February 1927

INDIAN-DETOURS
roundabout
Old Santa Fé, New Mexico
Santa Fe

# Die Almanach-Kunst der Santa-Fé-Eisenbahngesellschaft

*»Dieser südliche Westen, der nur ein Kapitel in unserer reichen Tradition darstellt, ist unser eigenes, authentisches Wunderland – eine Fundgrube romantischer Mythen –, das zutiefst bedeutungsvoll und schön ist und bewacht wird von altehrwürdigen Stämmen, die ihre alten Riten pflegen, in einer Landschaft mit unglaublichen Farben und einer verwirrenden Großartigkeit der Natur.«*[1]
Harriet Monroe (1920)

Die Zeichnungen in den Kalendern, die Plakate und die Illustrationen in den Broschüren der Santa-Fé-Eisenbahngesellschaft umgab immer ein Hauch längst vergangener Zeiten. Sie sind ein beeindruckender Beleg für die berauschende Wirkung von Nostalgie. Diese Bilder weckten die Phantasie und spielten eine zentrale Rolle, als es darum ging, den Südwesten und die Kultur der Indianer der amerikanischen Öffentlichkeit zu verkaufen. Die Gemälde, die die Santa Fé erstand, waren in den riesigen Wartesälen, den neuen Zweigniederlassungen, in den Hotels entlang der Zugstrecken, auf nationalen und internationalen Ausstellungen zu sehen.
Die Bilderwelt der Santa Fé entsprach im großen und ganzen der öffentlichen Meinung über Gesellschaft, Politik und patriotische Belange. 1906 appellierte J. Horace McFarland, der damalige Präsident der Amerikanischen Bürgervereinigung auf einer Konferenz, die Präsident Theodore Roosevelt eröffnet hatte, an die Amerikaner, »den ungeheuren Wert einer der größten Ressourcen Amerikas nicht außer acht zu lassen – die unvergleichliche Landschaft«, und hob hervor, daß »die wahre Größe der Vereinigten Staaten auf einem tieferliegenden Fundament aufbauen muß und immer aufgebaut hat als dem lediglich materiellen Reichtum. Es ist dies die Liebe zu unserem Land, die das heilige Feuer des Patriotismus entfacht und leuchten läßt. Und diese Liebe entzündet sich vor allem an der Schönheit des Landes.«[2]
Seit 1898 reisten Maler, Dramatiker, Dichter und Schriftsteller aus allen Teilen der Vereinigten Staaten nach Santa Fé und Taos. Die ersten blieben, beeindruckt und angeregt von der überwältigenden Schönheit der Landschaft, und legten den Grundstein zu einer später berühmten und sehr erfolgreichen Künstlerkolonie, der es gelingen sollte, daß dieser bislang unbekannte Teil Amerikas von der Öffentlichkeit akzeptiert wurde. Die Gegend reizte sie wegen ihrer Abgeschiedenheit, weil die Landschaft überwältigend und das Klima gesund waren und wegen der exotischen Vermischung von indianischer und spanischer Kultur. Sie alle suchten »neues Material«, hatten das Bedürfnis nach einem neuen, »stimulierenden Thema«. Ernest L. Blumenschein, einer der Gründer der Taos-Kolonie, sprach aus, was viele dachten, als er die Gefühle in Worte faßte, die ihn bewegten, als er 1898 das Land zum ersten Mal sah: »Als ich in dieses Tal kam – zum ersten Mal in meinem Leben sah ich regelrechte Gemälde vor meinen Augen. Überall, wohin ich blickte, sah ich Bilder, die perfekt komponiert waren – man brauchte sie nur noch abzumalen.«[3]
Sie waren vom ersten Augenblick an verzaubert. Das Licht blendete sie, und der Himmel war »so strahlend, daß er vibrierte«. Diese »Helle und Klarheit« nahm fast alle Künstler gefangen. Blumenschein fährt fort: »Uns alle zog es nach Taos, wie Handwerker, die eine feste Anstellung suchen. Und wir alle fanden eine, denn es war wie ein Zwang, der uns an die Grenzen unseres Selbst trieb, in freudiger Inspiration zu arbeiten und das Beste zu geben. Wir lebten nur, um zu malen. Und so ist es allen Künstlern ergangen, die hier vorbeikamen!«[4]
Leo Stein, ein bekannter Kunstsammler und der Bruder von Gertrude Stein, besuchte 1916 Taos und war genauso hingerissen: »... noch nirgends auf der ganzen Welt habe [ich] solch eine Schönheit gesehen, außer auf chinesischen Zeichnungen, und [ich] hätte nie geglaubt, daß derlei außerhalb der Kunst existiert.«[5]
Die Künstler von Santa Fé und Taos strebten nach einer Erneuerung des Geistes und suchten eine Alternative zur städtischen Kultur. Sie waren der traditionellen europäischen Malerei überdrüssig und besannen sich auf ihre eigenen Quellen und Ursprünge, als sie versuchten, sich von der Kraft der amerikanischen Erde zu nähren und etwas zu schaffen, das man »wahrhaft amerikanisch« nennen konnte. New Mexico gab ihnen die Kraft zur Regeneration des Geistes, nach der sie gesucht hatten. Viele von ihnen erhielten kreative und geistige Anregungen nicht nur aus ihrer zurückgewonnenen Beziehung zur Natur, sondern auch aus der Begegnung mit der Pueblo-Kultur. Diese Kultur war tatsächlich uramerikanisch.
Der Pueblo-Indianer und seine Lebensweise wurden zum

flashing with color
sparkling with sunshine

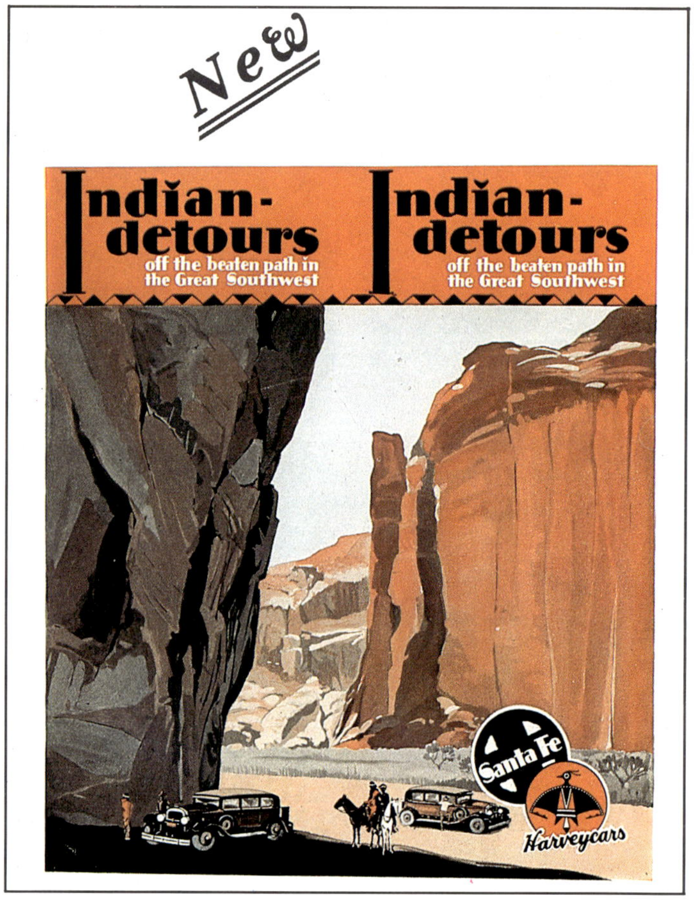
New
Indian-detours
off the beaten path in the Great Southwest
Indian-detours
off the beaten path in the Great Southwest
Santa Fe
Harveycars

Santa Fe
Harveycars
the Indian-detour
Bulletin No 2
August 1927

Gallup, New Mexico
The Land of Enchantment
invites you to attend its
Inter-Tribal Indian Ceremonial
September 10-11-12 1924

Santa Fe
more Indians
1930

Santa Fe
Fred Harvey
—daily
the year
'round
the Indian-
detour
Three memorable days in the Land of the Padres and Pueblos, as part of the transcontinental rail journey. Spanish culture three centuries old, the changeless life of inhabited Indian Pueblos, cliff dwellings of forgotten races—combined with the matchless scenery and climate of the New Mexico Rockies.
Only $45 (after May 1st, $50,) all-inclusive. Accommodations and motors of Fred Harvey excellence. A personal Courier service that is unique.
Optional side trips and "motor land cruises," featured by the same thought for individual comfort, are available for those who wish to extend their explorations out from Old Santa Fé and Albuquerque.
Our new Indian-detour folder contains map and many pictures. May we send you copy!

1928
Santa Fe
more Indians

Land of Pueblos
Explore this interesting Indian Country of New Mexico
via the
Indian-detour Motor Cruises
Santa Fe
New... all-expense Carlsbad Caverns Tours

*Ein Blatt aus dem Kunstkalender der Santa-Fé-Eisenbahngesellschaft.*

beherrschenden Thema in den Werken einiger dieser Künstler. Die Anziehung war zweifacher Art. Die Verbundenheit der Indianer mit ihrer natürlichen Umgebung, die in ihren religiösen Zeremonien und in ihrem täglichen Leben zum Ausdruck kam, regte den Geist an und weckte die Neugier. Darüber hinaus waren ihre farbenprächtige und malerische Erscheinung, ihre exotischen Sitten und Gebräuche eine starke visuelle Stimulierung. Vom Gesichtspunkt des Künstlers aus lebte der Pueblo-Indianer in einem Land, in dem es keine Zeit gab, einem Land, das eine »Aura der Unschuld« hatte. Es war eine neue Welt für die Maler.

Ernest L. Blumenschein war fasziniert von den Indianern; er beschreibt sie als »pittoresk, in farbenprächtige Decken gehüllt, die sie kunstvoll um sich schlingen«. E. Irving Couse, ein anderer Mitbegründer der Taos-Kolonie, empfand die »kupferhäutigen« Pueblo-Indianer als »ästhetisch angenehm« und verbrachte einen Großteil seines Lebens damit, sie zu malen.[6] Couse hatte durch Blumenschein und Bert Greer Phillips von Taos gehört. Die Begeisterung der beiden war ungeheuer, nachdem sie 1898 zum ersten Mal hier gewesen waren. Alle drei waren Studenten der Académie Julien in Paris gewesen. Durch ihre Schilderungen überzeugt, kam Couse 1902 in Taos an.

Phillips, der sich 1898 zusammen mit Blumenschein aufgemacht hatte, den Südwesten zu durchreisen, entschloß sich in dem Augenblick, als er Taos erblickte, hier zu bleiben. Er war wie hypnotisiert von der Schönheit der Natur und der Liebenswürdigkeit der Eingeborenen und widmete fortan sein Leben der Aufgabe, dies auf Leinwand festzuhalten. Vor allem war er beeindruckt von dem ausgeprägten Sinn für das Mythische, das das gesamte Leben der Indianer bestimmte. So schwärmte er einmal: »Wenn ich in ihre Dörfer komme und mich mit meinen indianischen Freunden unterhalte, sehe und höre ich, wie die jungen Burschen, eingehüllt in ihre weißen Decken, auf der Brücke stehen und im Mondschein ein Liebeslied singen, und ich fühle den Zauber der Jugend ... Ich glaube, es ist die Romantik dieses großartigen Landes mit seiner reinen Luft, was mein Herz und meine Sinne am tiefsten beeindruckt.«[7] So wurden die Indianer ein beliebtes Motiv auf den Gemälden dieser talentierten Künstler, auch wenn sie nur wenig über die Kultur wußten, die sie da »einfingen«. Der Geist, der ihre Werke so lebendig macht, ist unverfälscht und rein. Die Maler porträtierten ihre Modelle in deren natürlicher Umgebung, in der ihr Leben von einer vollkommenen Harmonie mit der Natur erfüllt war. Die Bilder belegen die Sympathie der Künstler mit dem Leben der Indianer. Jedoch fehlte ihnen jegliches Bewußtsein für die Eigenart der Kultur, die sie darstellten. Sie malten, was sie *fühlten* und was sie fühlen *wollten*. Die Maler von Santa Fé und Taos brachten das zum Ausdruck, was der wirkliche Künstler, wie Poe einmal sagte, deutlich machen soll: »... die wilde Anstrengung, zur Schönheit als solcher zu gelangen«.[8]

Der Künstler Paul Burlin sprach stellvertretend für sie alle, als er seine eigene Zwiespältigkeit, seinen Mangel an Erfahrung, aber nichtsdestoweniger auch seine Faszination beschrieb: »Meine Begegnung mit der Kunst der Indianer hat merkwürdige Konflikte mit sich gebracht. Ich hatte keine Ahnung von den Indianern und wußte nicht, was sie eigentlich tun. Und da ich sie nicht kannte, hatte ich Angst vor ihnen, obwohl ich doch erfahren wollte, wie sie lebten und was sie taten. Ich bin weit umhergereist, um das herauszufinden; ich habe ihre Gesänge gehört ... ich war begeistert von ihren Medizinmännern und von ihrer metaphysischen Hingabe an die Kräfte der Natur.«[9]

Es überrascht nicht, daß diese Ambivalenz oft idyllische Szenen entstehen ließ, die biblischen Frieden und Überfluß ausstrahlen, denn es waren ja gerade diese Aspekte des Lebens, die die Künstler suchten. Das Andersartige am Leben der Eingeborenen, ihre tiefe Verbundenheit mit der Erde und ihre elementare Primitivität stellten offensichtlich eine Kraft dar, der die Künstler nur schwer widerstehen konnten.

Gegen Ende der ersten Dekade unseres Jahrhunderts begannen die Indianer, den Künstlern Modell zu stehen, und so wurden die Maler zu Wortführern einer neuen Epoche, was die *Los Angeles Times* veranlaßte zu verkünden, die Künstlerkolonien von Santa Fé und Taos zeigten »der Welt, daß wir eine aus dieser Erde geborene Kunst haben ... [und daß] der Indianer und sein Pueblo der Erforschung wert sind«.[10] Ein anderer Journalist lieferte den Image-Produzenten der Santa-Fé-Eisenbahn das Stichwort. In seiner Rezension einer Ausstellung des Künstlers Theodore Van Soelen aus Santa Fé schrieb er, als könne er in die Zukunft blicken: »... wenige haben den ›Zauber‹ der Bilder von Van Soelen ... Van Soelen ›verkauft‹ uns diese Landschaft regelrecht. Würde man Reproduktionen dieser Bilder auf Fahrplänen abdrucken, wären die Züge nach Santa Fé, Taos und so weiter viel besser besetzt, als jetzt der Fall ist.«[11]

William H. Simpson, Geschäftsführer der Werbeabteilung der Santa Fé, war begeistert von den Künstlern in Santa Fé und Taos und gab Werke in Auftrag, die die Idee des Fernen Westens und des Indianers mit Leben erfüllten. Diese Künstler beschworen ein Gefühl für Natur und Landschaft, das in nichts den Reisebeschreibungen der romantischen Dichter nachstand, die durch Europa gewandert waren. Es war der Beginn der modernen Naturbetrachtung. Alle diese Maler entwickelten eine bestimmte Einstellung dem Westen – und vor allem den Indianern – gegenüber, in die dieselben romantischen Vorstellungen eingingen, die auch das Werk von James Fenimore Cooper prägten und die *Lederstrumpf*-Erzählungen so überaus erfolgreich machten. Es war das romantische Erbe, dem die Künstler sich zuwandten und das die Eisenbahngesellschaft förderte.

Praktisch jedes Jahr, von 1907 bis heute, stellte der Santa-Fé-Almanach eine andere Szene aus dem Leben der Indianer vor, die einer der Künstler aus New Mexico malte. Diese Bilder wurden vor allem von Simpson in Auftrag gegeben, der die Kontakte der Eisenbahngesellschaft zu den Künstlern herstellte und förderte. Der Santa-Fé-Indianer nahm in diesem romantischen Denkmodell bald die Stelle des wilden Kriegers, des Präriebewohners und des Eisenbahnreisenden ein.

Die Bilder, derer sich die Werbeabteilung der Eisenbahn bediente, sollten eine bestimmte kulturelle Botschaft übermitteln: Der Santa-Fé-Indianer ist ein würdevoller und stolzer Krieger. Simpson und die Eisenbahngesellschaft zielten ganz eindeutig auf die heroischen Eigenschaften, das abenteuerlich Sagenhafte und trugen dabei eine distanzierte Gleichgültigkeit allem Aktuellen gegenüber zur Schau. Ihr Interesse galt der Würde des »Indianers der alten Zeit«, von dem jedermann schon gelesen oder geträumt hatte. (Auch Simpsons eigene Gedichte spiegeln diese Einstellung wider.[12]) Sie begriffen, wie wirksam es war, die romantischen Züge der Indianerkultur sentimental darzustellen, und sie erkannten, welchen Einfluß solche Bilder auf eine leicht zu beeindruckende Öffentlichkeit – vor allem aber auf Touristen – haben würden.

Die Kalender der Santa Fé sind ein faszinierender Ausflug in den Bereich der populären Gebrauchskunst. Diese Bilder errichteten ein Universum von Klischees; als hübscher Wandschmuck hingen sie in der Küche jedes typisch amerikanischen Haushalts. So gesehen führt uns die Santa-Fé-Kalenderkunst eine Kultur vor Augen, die keine Geschichte hat. Schließlich wäre es geschäftsschädigend gewesen, anders zu handeln. Die Bilder erzählten nichts von den ungeheuren Verlusten, die die Indianer in ihrem aussichtslosen Kampf um ihre Heimat hinnehmen mußten. Ihre wahre Geschichte überging man mit Schweigen.

Die Künstler, mit denen Simpson arbeitete, neigten von vornherein dazu, die Dinge, wie Mark Twain es ausdrückte, »durch den sanften Schleier des Mondlichts der Romantik« zu sehen. Diese Sehweise, obwohl vom Prinzip her beschränkt, eignete sich am besten für die Zwecke der Eisenbahnreklame. Sie täuschte Wahrscheinlichkeit vor und stimmte mit dem Zeitgeist überein.

Von den Bildern, die Simpson in Auftrag gab, wurde erwartet, daß sie »ein erfreuliches Thema« hatten, »farbenfroh und dekorativ«, weder »in der Komposition verwirrend«, noch »eine intellektuelle Herausforderung« waren. Letzten Endes war das, was im Auftrag der Santa-Fé-Werbeabteilung produziert wurde, lediglich eine Glorifizierung des Durchschnittsgeschmacks und des gerade gängigen Schönheitsideals.[13] Simpson machte Vorschläge

links oben: *E. Irving Couse:* Der Kriegsschild, *1914.*

links unten: *J. H. Sharp:* Altertümlicher Kriegsschmuck, *1916.*

rechts oben: *E. Irving Couse:* Truthahnjäger aus Taos, *1916.*

rechts unten: *E. Irving Couse:* Anfertigung von Türkisschmuck, *1925.*

nicht nur hinsichtlich des künstlerischen Inhalts (des Motivs) der Bilder, sondern auch hinsichtlich der Ausführung – vielleicht das erste Beispiel für eine Kooperation von Firmendirektor und Künstler zu dem Zweck, ein der Masse willkommenes Bild zu schaffen.

Von all den Künstlern, die Simpson beschäftigte, bevorzugte er E. Irving Couse. Seine Gemälde waren die ersten, die 1914 im Almanach erschienen, und sie zierten ohne Unterbrechung von 1916 bis 1938 die Schaukästen. Diese Bilder sind Ikonen, die keine Zeit kennen. Sie verkörpern die Welt eines Archetypus – die poetischen Ideale von Einfachheit, Würde und Unschuld, die man angeblich dort findet, wo der Mensch im Einklang mit der Natur lebt. Offenbar war Couses romantische Vision tatsächlich inspiriert von seiner exotischen, malerischen Umgebung. Aber wie bei vielen seiner Kollegen brachte die Faszination, die sein Gegenstand und dessen mythisches Wesen auf ihn ausübten, einen großartig unrealistischen Aspekt in seine Arbeit. Sie war lyrisch und eskapistisch zugleich; allerdings gerade deswegen um so wirkungsvoller, *weil* sie lyrisch war und die Phantasie anregte.

Simpson schaute Couse oft bei der Arbeit zu. Er machte Änderungsvorschläge, um das Bild für die Werbestrategie der Gesellschaft geeigneter zu machen, und manchmal gab er ihm sogar detaillierte Anweisungen, beispielsweise: »Nehmen Sie einmal an, daß auf dem fertigen Bild viel Licht auf das Haar der beiden Gestalten und auch auf das dunkelblaue Gewand der Frau fällt. Es scheint, daß sich

*Walter Ufer:* Mädchen in Taos, *1916.*

der Krug und das Wildleder der Hose des Mannes, auch sein Kopfschmuck für den Weiß-Effekt, von dem ich Ihnen vor kurzem schrieb, besonders eignen könnten. Das kräftige, leuchtende Weiß verleiht dem Bild einen gewissen Glanz, was sich im Almanach sehr gut machen würde.«[14] Simpson liebte die Lagerfeueratmosphäre und schlug bei diesem Thema immer wieder Änderungen des Hintergrunds vor: »... ich wüßte gerne, was für einen Effekt man erzielen könnte, wenn man das [Bild] auch als Lagerfeuerszene verwendet«.[15] Couses erstes Bild für einen der Almanache war eine Lagerfeuerszene mit einem spärlich bekleideten Indianer im Vordergrund (*Wal-si-el, Heilsame Medizin,* 1914). Das Lagerfeuermotiv durchzieht sein ganzes Werk. Es wurde – wie auch seine hingekauerten Indianer – fast zu einem Markenzeichen. Im Verlauf ihrer langen und sehr erfolgreichen Zusammenarbeit hat Simpson immer wieder Änderungsvorschläge bezüglich der Themen gemacht, die Couse dann auch übernahm. Simpson ging sogar so weit, einige der Entwürfe von Couse zu verändern. Nehmen wir nur ein Beispiel: »Sie sehen, daß wir ein wenig experimentiert haben: wir haben eine Stelle mit Papier überklebt, um herauszufinden, wie es aussieht, wenn der Kriegsschmuck etwas größer ist. Das Resultat gefällt mir, und ich würde mich freuen, wenn Sie freundlicherweise den Entwurf entsprechend korrigieren. Das Gesicht ist zwar sehr attraktiv und außergewöhnlich ..., trotzdem glauben [wir], daß *es ein wenig mehr wie der Indianerhäuptling aussehen würde, so wie wir ihn uns vorstellen,* wenn folgende

*Bert Greer Phillips:* Der geheimnisvolle Zauberkrug, *1918.*

Änderungen vorgenommen werden ...« ( es folgen genaue Anweisungen).[16]
In einer Diskussion mit Couse über ein bestimmtes Kalenderbild, *Der Häuptling*, legt Simpson unabsichtlich seine Vorstellung vom Prototyp eines Indianers dar. Die Korrespondenz gewährt uns einen seltenen und direkten Blick auf einen Aspekt dieser Gemeinschaftsproduktion von Bildern und Vorstellungsklischees. Er schrieb: »Die Figur des Häuptlings wirkt nicht groß genug für jemanden, der diesen Namen trägt. Vielleicht ensteht dieser ›gedrungene‹ Eindruck, weil der Kriegsschmuck so ausladend ist, vielleicht aus der Art und Weise, wie die Decke drapiert ist. Zweifellos können Sie das ändern, wenn Sie direkt mit dem Modell arbeiten.«[17] Simpson beschloß seinen Brief mit der Aufforderung: »Senden Sie mir bitte den Entwurf mit dem überarbeiteten Gesicht zurück ... Sie sind auf dem richtigen Weg ... Die oben erwähnten Vorschläge habe ich nur unter dem Aspekt der Werbewirksamkeit und nicht dem der künstlerischen Gestaltung gemacht.«[18] Couse schickte ihm einen Monat später seinen Entwurf mit den »vorgeschlagenen Korrekturen«.[19]
Simpsons Ideen wurden ernst genommen, und die »Partnerschaft« zwischen dem Geschäftsführer und dem Künstler führte dazu, daß geschäftliche Überlegungen in die künstlerischen Vorstellungen einer großen Anzahl der Taos- und Santa-Fé-Maler eingingen. Das Markenzeichen der Santa Fé wurde auf jedem Auftragsbild deutlich sichtbar und kunstvoll plaziert. (»Lassen Sie einen bestimmten

*Bert Greer Phillips:* Taos-Indianer, *1907.*

Platz für das Firmenzeichen frei; es wird eingefügt, sobald die Lithographie fertig ist«[20], schrieb Simpson an Couse.) Andererseits lernten Millionen Menschen durch diese Bilder den Künstler und auch die Indianer überhaupt erst kennen.

E. Irving Couses Werk paßte genau in das Schema der Santa-Fé-Eisenbahngesellschaft; das gleiche gilt auch für einige andere Künstler in Taos. Für Simpson war Couse ein »Stenograph des Visuellen«, der seine Indianer posieren und romantische Vorstellungen in seine Bilder einfließen ließ. Couse riß den Indianer aus seinem kulturellen Kontext – er schuf den »frei schwebenden« Indianer. Seine Indianer sind unwiderstehliche, sanfte, ruhige Geister Verstorbener, seltsam unwirklich und traumhaft. Eine Art naiver Unschuld durchdringt alle seine Bilder.

Walter Ufer, ein anderer Taos-Künstler, der für Simpson und den Almanach arbeitete, war, wie Couse, ein durchaus talentierter Maler, der auch beträchtlichen wirtschaftlichen Erfolg hatte. Man weiß von ihm, daß er innerhalb von drei Jahren Bilder im Wert von 150000 Dollar verkaufte, wobei er dasselbe Thema immer wieder abwandelte: einen Indianer auf einem Schimmel; im Hintergrund ist undeutlich ein Berg in der Nähe von Taos zu erkennen.[21]

Auch Couse war mit seinen Almanachbildern äußerst erfolgreich. Sie verschafften ihm sozusagen über Nacht Beachtung. Aber seine Kollegen verachteten ihn, weil es ihm um das Geschäft ging, und warfen ihm vor, daß er sich den stereotypen Ansichten einer unwissenden Öffentlichkeit beugte. Darüber hinaus waren sie der Ansicht, daß er keinen Geschmack habe. Blumenschein machte sich darüber lustig, daß man schon im Voraus wisse, welche Themen er aufgreifen würde, und daß er keine künstlerische Initiative entwickle; er behauptete, Couse habe »einmal einen Indianer gemalt, der vor einem Büffelfell kauerte, auf das er zeichnete«. Er fährt fort: »... dieses Bild hat ihn berühmt gemacht, und seitdem hat er immer wieder den gleichen kauernden Indianer gemalt ...«[22].

# Die große amerikanische Synthese: Technologie und Kultur

*»In welche Währung
haben sie unser Singen getauscht?«*[1]

John Berger

*»Dank der Daguerreotypie wird jedermann in der Lage sein, sich porträtieren zu lassen – früher war das nur den Prominenten möglich; und zur selben Zeit wird alles getan, uns alle genau gleich aussehen zu lassen – so daß wir nur noch ein einziges Porträt brauchen werden.«*[2]

Søren Kierkegaard (1854)

Das Goldene Zeitalter der Eisenbahn überschnitt sich weitgehend mit den Goldenen Tagen der Photographie. Beide bereiteten den Boden und pflasterten den Weg für den Touristen der Neuzeit. Nicht nur mit Bildern und Illustrationen versuchte die Santa Fé sich das Monopol auf dem Tourismusmarkt zu sichern, sie brachte auch großartige, wunderschöne Photographien vom Leben der Indianer und der Landschaft des Südwestens in Umlauf, um für ihre Linie zu werben, Siedlungsbestrebungen zu unterstützen, Touristen anzulocken und ganz einfach – um Aufsehen zu erregen. Zu diesem Zweck nahm sie eine große Anzahl von professionellen, gewinnorientierten und Amateurphotographen unter Vertrag.

Eigentlich wäre anzunehmen, daß in den ersten, entscheidenden Jahren ihres Werbefeldzugs Hunderte von Photographen für die Santa Fé arbeiteten; leider kennen wir aber nur die Namen einiger weniger Photographen, die im Auftrag der Eisenbahngesellschaft Bilder vom Südwesten machten. Wenn man davon ausgeht, daß die Photographie als Kunstform noch sehr jung und keineswegs fest etabliert war, so ist es nicht sehr wahrscheinlich, daß sich die Photographen jener Zeit im gleichen Maße wie moderne Photographen als die »Autoren« ihrer Photos betrachteten. Und viele Namen gerieten aufgrund der Massenproduktion von Bildern in Vergessenheit.

Die meisten Photographien, die die Eisenbahngesellschaft ankaufte, wurden von anderen Künstlern oder darauf spezialisierten Firmen koloriert; andere wurden rücksichtslos auf das rechteckige Diaformat für die Laterna magica zurechtgeschnitten. Überhaupt fühlte sich die Eisenbahngesellschaft berechtigt, Photographien so zu ändern, daß sie den Anforderungen für Werbepostkarten und -dias genügten.

Im vorliegenden Buch sind die Bilder von neun Photographen abgedruckt, die uns namentlich bekannt sind. Sie stellen jedoch keineswegs eine homogene Gruppe dar. Einige waren engagierte Amateure (Fay Cooper Cole und Aaron B. Craycraft); andere hatten bereits einen Ruf als Landschafts- und Porträtphotographen (W. H. Jackson, Jesse Nausbaum und A. C. Vromans); wieder andere photographierten, um ihre eigenen Geschäfte zu fördern (William E. Kopplin und W. H. Simpson, Werbung; Edward H. Kemp, Dias; Fred Harvey, Tourismus). Folgende vier Persönlichkeiten sind repräsentativ für die Vielfalt von Photographen, deren Arbeiten von der Werbeabteilung der Santa Fé verwertet wurden:

## WILLIAM HENRY JACKSON

Der bekannteste der Photographen, deren Arbeiten in diesem Buch abgebildet sind, ist William Henry Jackson. Er erhielt Aufträge von fast allen größeren Eisenbahnlinien in den Vereinigten Staaten und photographierte die Landschaft entlang der verschiedenen Routen. In den achtziger und neunziger Jahren beschäftigte er sich fast ausschließlich mit Eisenbahnphotographie. In *The Philadelphia Photographer* erinnert er sich an die ersten Jahre seiner Tätigkeit: »Porträtphotographie war nie mein Fall, also suchte ich auf den Dächern der Häuser, schließlich auf den Gipfeln der Berge und in der Landschaft nach Motiven ... Die Inbetriebnahme der Pacific Railroad im Jahr 1869 ermöglicht[e] es, ohne weiteres in eine Gegend zu gelangen, wo es genügend malerische und interessante Landschaften gab; ich entschloß mich [also], sie zu photographieren.«[3] Seinen ersten Reklameauftrag für die Eisenbahn nannte Jackson »Landschaftsphotographie oder Besichtigung«.[4]

»Wir bieten einen Privatwagen und zehn Dollar pro Photographie«[5], erklärte der Werbemanager der Baltimore and Ohio Railroad in einem Angebot an Jackson im Jahr 1892. Man scheute keine Kosten. Jackson reiste, wie so viele andere Photographen auch, so oft er wollte in Spezialwaggons, die über ein »Empfangszimmer«, eine perfekt ausgerüstete Dunkelkammer und Sonderabteile für den Photographen und seinen Assistenten verfügten. Jackson machte im Verlauf von etwa fünfzehn Jahren annähernd 30000 Eisenbahnbilder. Er betonte immer wieder, daß er »das Malerische und Wunderbare suchte ... Szenerien von überwältigender Großartigkeit reizten mich«[6], sagte er einmal. Seine majestätisch wirkenden Landschaftsphotographien aus dem Westen – beispielsweise die Panoramaaufnahmen von Yosemite und Yellowstone – genießen einen legendären Ruf. Jackson photographierte auch die Indianer im Südwesten. Zu diesen Aufnahmen zählen *Shipaulovi, Moki Pueblo* (S. 91), *Hopi Harvest Dance* (S. 112) und *Pueblo of Taos, New Mexico* (S. 163).

Als kommerzieller Photograph verstand er auch einiges vom Retuschieren und Kolorieren; sein Hauptanliegen war immer, ein Bild zu machen, das sich gut verkaufen ließ. Seine Neigung zum Theatralischen offenbart sich in dem, was ein Kenner der Geschichte der Photographie einmal seine »zusammengekleisterte, bunt angemalte Welt«[7] nannte. Er dachte sich nichts dabei, eine Photographie zu ergänzen oder zu beschneiden, solange diese Änderungen nur dazu beitrugen, einen Aspekt besonders eindrucksvoll hervorzuheben.

Die Detroit Publishing Company Jacksons brachte Millionen von Reproduktionen seiner handkolorierten Bilder als Photographien und Postkarten heraus. Jackson liebte Farbe. Man nannte ihn den »Vater der Ansichtskarte«. Wie damals üblich, assistierte ihm seine Frau beim Kolorieren. Jackson bot auch »Vorlesungsfahrten« an, Lichtbildervorträge über die Städte, die er besucht hatte; er benutzte dabei seine eigenen Dias, um so gleichzeitig für seine Arbeit zu werben. Einen dieser Vorträge, über den Staat Colorado, pries er als *Hundert Minuten in einer anderen Welt* an; bei dieser Gelegenheit führte er 125 handkolorierte Dias vor.[8] Er durchreiste auch den Südwesten, mit dem Santa-Fé-»California-Special«, und hielt im Zug Vorträge, bei denen er seine Bilder vorführte.[9]

## EDWARD H. KEMP

Edward H. Kemp war Unternehmer und Amateurphotograph, der in San Francisco ein eigenes Geschäft hatte. Er photographierte, verkaufte und handelte mit Dias, war Mitglied des Vereins der Amateurphotographen, »California Camera Club«, und schrieb Artikel für das *Camera Craft*-Magazin. Kemp und seine Frau interessierten sich vor allem für die Hopi-Dörfer in Arizona und reisten einige Male dorthin, um Aufnahmen vom Schlangentanz zu machen. Im Jahr 1905 galt der Schlangentanz bereits als beliebte Attraktion für Photographen und Touristen, deren Anwesenheit allmählich zu einer ernsten Bedrohung für die religiöse Bedeutung des Rituals wurde. Unmengen von Photographen kämpften um die besten Plätze, als die Touristen auf die kleine Plaza auf der Hochebene strömten. Mrs. Kemp notierte in ihrem Tagebuch, daß sie und ihr Mann gezwungen waren, sich in der »Photographengalerie«, einem speziell für die Photographen reservierten Platz, einzurichten.[10]

Der Schlangentanz und der Grand Canyon wurden von der Santa Fé überschwenglich angepriesen, und Kemp photographierte sowohl für sein eigenes Geschäft als auch für die Eisenbahngesellschaft. Zu den Arbeiten Kemps gehören unter anderen *The Grand Canyon, Diamond Hitch* (*Der Grand Canyon, Diamantenspitze*, S. 66 oben), *Phantom Ranch, Grand Canyon* (*Die Geisterranch im Grand Canyon*, S. 67) und *Crystal Trading Post, General View* (*Gesamtansicht der Handelsniederlassung in Crystal*, S. 52). Soviel man weiß, wurden alle Originalnegative Kemps 1906 bei dem Erdbeben in San Francisco und der anschließenden Feuersbrunst zerstört. Von seinem Werk sind also nur vereinzelte Drucke und Dias erhalten geblieben.

*Die Innenausstattung des von der Eisenbahngesellschaft California Limited eigens für den Photographen W. H. Jackson eingerichteten Eisenbahnwaggons.*

WILLIAM ERNEST KOPPLIN

Im Alter von fünfundzwanzig Jahren verließ William Ernest Kopplin Racine, Wisconsin, und ging nach Chicago, um dort in der Werbeabteilung der Santa-Fé-Eisenbahngesellschaft eine Stellung anzunehmen. Schon bald entwickelte er ein leidenschaftliches Interesse für die indianische Kultur, das sein ganzes Leben lang unvermindert anhielt. In den Augen seiner Kollegen war er ein »Energiebolzen«, was seinen Erfolg im Werbebusiness betraf; Kopplin verbrachte einen Großteil seiner Zeit damit, in der Eisenbahn herumzureisen und als »Lichtbildvorführer« Reklame für die Eisenbahngesellschaft zu machen.[11] In den Zügen erzählte er den Touristen etwas über die einmalige Landschaft und den exzellenten Service der Santa Fé. Er machte ausgedehnte Reisen durch den gesamten Südwesten und photographierte neben den Hopi- und Navaho-Indianern auch die Pueblo-Indianer in New Mexico. Er hatte eine Ausbildung als Kameramann und stellte sein Fachwissen unter Beweis, als er 1912 für die Eisenbahngesellschaft den Schlangentanz der Hopi filmte. Für damalige Verhältnisse ist dieser Film außergewöhnlich lang. Eine detaillierte Beschreibung finden Sie auf den Seiten 131–141.

Ein interessantes und charakteristisches Merkmal von Kopplins Photographien macht den Einfluß seines Status als Angestellter der Santa Fé deutlich. Um den potentiellen Reisenden ihre Angst vor einer Fahrt durch Indianerland zu nehmen, sind auf seinen Photographien, sozusagen zur Beruhigung, meist viele Touristen und andere Photographen zu sehen, die gerade Indianer photographieren. (Vgl. *Estufa, San Ildefonso, New Mexico*, S. 167, *War Dance, Zuni Pueblo – Kriegstanz in einem Zuni-Pueblo –*, S. 185 und *Edge of the Mesa, After the Snake Dance – Am Rande der Mesa, nach dem Schlangentanz –*, S. 143.)

## FRED HARVEY

Fred Harvey, den am wenigsten namhaften Photographen dieser Gruppe, kennt man im allgemeinen eher als außergewöhnlich erfolgreichen Unternehmer, der für Verpflegung, Unterkunft und die Ausflüge der Touristen entlang dem Streckennetz der Santa Fé zuständig war. Auch wenn er persönlich nicht soviel Zeit wie Jackson, Kemp und Kopplin darauf verwandte, selbst zu photographieren, trug er doch wesentlich zum Erfolg der Santa-Fé-Werbekampagnen bei, indem er andere Photographen anheuerte. Tatsächlich waren die geschäftlichen Interessen der Santa Fé so eng verknüpft mit Fred Harveys eigener Karriere, daß ein wesentliches Kapitel in einem Buch über die Santa Fé fehlen würde, wenn man ihn und seine diversen Unternehmen hier nicht erwähnte.

1904 erbaute die Santa Fé das El-Tovar-Hotel am Eingang des Grand Canyon. Dort brachte Harvey seinen offiziellen Canyon-Photographen, H. E. McAvoy, in einem speziell dafür eingerichteten Studio unter. Die einzige Aufgabe McAvoys war es, den Canyon in all seiner Pracht für die Touristen und die Reisenden zu photographieren und für die Santa-Fé-Reklame zu machen. Ein weiterer Spezialist Harveys im Canyon war Pete Peters, genannt »Pete, das Wunderkind«, der dann jede einzelne Photographie kolorierte.[12] Peters' Arbeit mit dem Pinsel wurde allgemein bewundert. Ein Beispiel für die eindrucksvolle und subtile Kolorierung ist *Grand Canyon Vista* auf S. 63. Die sensible Abtönung verleiht dem Ganzen einen gewissen Rhythmus und stellt eine in sich stimmige Balance der Farben her. Gerade das ist nämlich bei einem so unirdischen Schauspiel, wie der Grand Canyon es bietet, ziemlich schwierig.

Den Canyon zu betrachten ist fast so, als würde man einem permanenten Sonnenuntergang beiwohnen. Zu verschiedenen Tageszeiten ist der Canyon von kaleidoskopischen Farbschleiern überzogen, die den Eindruck des Surrealen vermitteln. Aus diesem Grund läuft jede Aufnahme Gefahr, mit der Realität in Konflikt zu geraten. William E. Kopplins kolorierte Aufnahme vom Canyon (S. 60) zeigt beispielhaft, wie schwierig es ist, diesen Rausch von Farben wiederzugeben. So gewagt die Interpretation auch scheinen mag, sie entspricht der Realität.

Fred Harvey photographierte auch selbst – eines seiner Lieblingsbilder war *A Corn Dancer* (S. 186) – und vergab Aufträge an andere Photographen, um alle interessanten Stellen entlang der Santa-Fé-Strecke zu dokumentieren. Die Zeremonien der Indianer waren eine wichtige Touristenattraktion; Harveys Bilder vom Canyon und von den Indianern schmückten die Broschüren, Fahrpläne und Prospekte der Eisenbahngesellschaft und stimmten die Reisenden von vorneherein auf Romantik ein.

Man muß sich klar darüber sein, daß Harveys Erfolg in erster Linie auf seine erstaunlichen Fähigkeiten als Unternehmer, der für einen breit gefächerten Service entlang der Santa-Fé-Strecke sorgte, zurückzuführen ist. Harvey, ein Einwanderer aus England, hatte bis in die siebziger Jahre als Beauftragter für den Frachtverkehr bei einer der Eisenbahngesellschaften im Osten gearbeitet. Von seinen ausgedehnten Reisen her kannte er die armseligen und ungepflegten Speisesäle entlang der Eisenbahnrouten. Das Essen war nahezu ungenießbar und die Preise horrend. Es gab noch keine Speisewagen und das Problem, die zahlreichen Reisenden, die jetzt die Prärien durchqueren wollten, mit Essen zu versorgen, wurde allmählich brisant. Harvey erkannte das Gebot der Stunde, und 1876 trat er mit einem neuen Konzept für die Verpflegung der Reisenden an die Santa Fé heran: Er wollte für akzeptables Essen in sauberen Speisesälen und zu vernünftigen Preisen sorgen. Die Gesellschaft beschloß, es mit ihm zu versuchen. Noch im gleichen Jahr eröffnete Harvey in der ersten Etage der Santa-Fé-Bahnstation in Topeka seinen ersten Speisesaal. Ein ausgezeichnetes, abwechslungsreiches Menü (Kalbsbraten, Huhn, Heilbutt, Kalbsbries und Junglamm für jeweils zehn Dollar), ein makelloser Speisesaal, Tischtücher aus irischem Leinen, Anrichteplatten und Besteck aus Sheffield-Silber setzten die Reisenden wie auch die Einheimischen in Erstaunen. Außerdem brachte Harvey mit seinen berühmten Harvey-Girls den Glanz der großen, weiten Welt in den Westen; es handelte sich dabei um junge Damen aus guter Familie, die als Serviererinnen arbeiteten. Sie trugen lange schwarze Kleider, weiße, gestärkte Schürzen und Schleifen im Haar – und sie wurden fast zu einer Legende. Bevor sie ihre Stelle antraten, mußten sie sich verpflichten, ein Jahr lang unverheiratet zu bleiben. Das Ganze wurde ein grandioser Erfolg.

Ende 1876 eröffnete Harvey sein erstes Hotel, Harvey House, an der Santa-Fé-Strecke, und zwar in Florence, Kansas. Die Wirkung war sensationell. Die Harvey Houses waren bald überall zwischen Chicago und Kalifornien zu finden. Meistens ließ die Eisenbahngesellschaft das Hotel bauen, und die Fred-Harvey-Gesellschaft kümmerte sich um Design und Ausstattung, übernahm dann die Leitung des Hotels und sorgte für Verpflegung, Unterkunft und Sightseeing-Touren entlang der Santa-Fé-Strecken. Als die Eisenbahngesellschaft Speisewaggons in Betrieb nahm, war es wieder Fred Harvey, der den Service organisierte. Lokalkolorit und ein nostalgischer Background waren die wichtigsten Elemente bei der Ausgestaltung der einzelnen Räumlichkeiten. Echte indianische und spanische Architektur und Kunst dominierten und verliehen dem Ganzen eine verzauberte Atmosphäre. Eine besondere Attraktion war in einigen Harvey-Hotels der Lesesaal. Im La-Fonda-Hotel in Santa Fé beispielsweise wurden die Touristen zu unterhaltsamen Vorträgen eingeladen, bei denen Dias und Kurzfilme über die Pueblo-Indianer und über Geschichte und Geographie des Südwestens vorgeführt wurden.

Die Leute von der Santa Fé errieten, was das Publikum wollte: ansprechende Bilder, die ihnen behutsam die Realität des Westens nahebringen und gleichzeitig die Vorurteile abbauen sollten, die viele potentielle Kunden der Eisenbahn hinsichtlich der öden Wüstengegenden hatten. Diesem Zweck dienten die Landschaftsphotographien und die Bilder mit Szenen aus der Pueblo-Kultur, die die Eisenbahngesellschaft zur Verfügung stellte. Schließlich kam noch eine neue Entwicklung im Bereich der Photographie den Anstrengungen der Santa Fé, immer mehr Touristen für sich zu gewinnen, entgegen. Viele Amerikaner begannen um die Jahrhundertwende, selbst zu photographieren: mit den billigen, in Serienproduktion hergestellten Kodak-Apparaten (»Sie drücken auf den Kopf – den Rest erledigen wir!«). Diese Entwicklung hatte erstaunliche Folgen. Viele der Touristen, die als erste in den Südwesten reisten, brachten ihre neuen Kodaks mit und photographierten hemmungslos (vgl. *Edge of the Mesa, after the Snake Dance – Am Rande der Mesa, nach dem Schlangentanz*, S. 143). 1906 kommentierte ein Leitartikler:

»Ungefähr die Hälfte der Touristen springt aus dem Zug, sobald er hält; sie rennen dann von einem Platz zum anderen, um Ansichtskarten zu kaufen, lassen sich auf die Stühle im Wartesaal oder auf den Bordstein plumpsen und schreiben in fieberhafter Eile, rasen herum, um Briefmarken zu kaufen und dann ihre Postkarten aufzugeben; nach alldem haben sie kaum mehr Zeit, sich etwas zu essen zu besorgen. Fast alle anderen Passagiere machen Schnappschüsse vom Hotel oder vom Bahnhof oder posieren für andere vor einem der Gebäude. Es ist wie im Zirkus.«[13]

Ein neues Zeitalter des Reisens war angebrochen.

# Das Zeitalter der Laterna magica: Abenteuerliche Zwischenspiele in Life und Farbe

*»Tatsache ist, daß unsere Urgroßväter, die niemals irgendwohin reisten, mehr von der Welt wußten als wir, die wir alles gesehen haben. Wenn sie so im Klassenzimmer der Dorfschule saßen und einem Lichtbildervortrag lauschten, dann hielten sie den Atem an angesichts des Unbekannten.«*[1]

D. H. Lawrence (1929)

*»Farbe verleiht dem Menschen eine Energie, die aus Zauberei zu wachsen scheint.«*[2]

Henri Matisse (1905)

Die Laterna magica wurde Mitte des 17. Jahrhunderts erfunden und war der Vorläufer der modernen Filmtechnologie.[3] Sie entwickelte sich zu einem Apparat, den Edison als »ein Instrument« beschreibt, »das für das Auge das leistet, was der Phonograph für das Ohr bewirkt«. Die Laterna magica war vermutlich einer der populärsten Apparate, die je erfunden wurden. Er bezauberte zuerst die Kinder und wurde später von der ganzen Familie als häusliche Unterhaltung und von der Wissenschaft als Lehrmittel übernommen. Millionen begeisterten sich an ihm.

Diavorträge projizierten Phantasien und schufen neue, sie führten in eine unbekannte Welt voller Leben. Sie wiegten die Menschen in Träume, die man sich sonst nur mit viel Geld erfüllen konnte. Sie waren das perfekte Medium für die Eisenbahnreklame. Die technische Perfektionierung der Laterna magica führte zu einer Art filmischem Illusionismus – Wände voller handkolorierter Photographien, von einem gewaltigen Lichtbogen an die Wand projiziert. Man war wie verzaubert. Die pure Empfindung. Es hatte etwas von der Atmosphäre eines Lagerfeuers an sich, wenn man diese Illuminationen sah. Felder von Licht. Augenblicke, in der Zeit erstarrt und zusammengefügt zu einer Erzählung ohne Ende. Neben dem Theater und der Photographie war die Bilderschau der Laterna magica bis zur Entstehung des Films in den neunziger Jahren das wichtigste visuelle Massenmedium.

Im Grunde hatte eine Vorführung mit der Laterna magica nicht mehr und nicht weniger Magisches an sich als eine moderne Diaschau.[4] Die technischen Voraussetzungen waren die gleichen: eine Lichtquelle, ein System von Sammel- und Einzellinsen und eine weiße oder hell gefärbte Fläche, auf die das Bild projiziert wurde. Bei der Laterna magica ging man allmählich von Petroleumlampen zu Karbonlampen und schließlich zu den modernen Glühlampen über.

Die Bilder der Laterna magica waren jedoch ganz anderer Art als die, die man in modernen Projektionsapparaten verwendet. Seit dem Ersten Weltkrieg kann jeder Amateur 35-Millimeter-Diapositive herstellen, die dann an die Wand geworfen werden. Ein Bild für die Laterna magica zu schaffen war jedoch alles andere als einfach. Vor der Erfindung der Photographie wurden die Bilder mit der Hand gemalt und dann von Spezialisten auf Glas geätzt. Diese kleinen Glasscheiben, die man Lichtbilder nannte, hatten ein standardisiertes rechteckiges Format von 3¼ × 4 Inches (8 × 10 cm). In den vierziger Jahren entwickelte man spezielle Techniken, um photographische Bilder in Dias umzuwandeln. Die kommerziellen Möglichkeiten von Dias konnten jedoch erst dann voll ausgeschöpft werden, als man sich der bereits vorhandenen Techniken zur Handkolorierung bediente, um die Schwarzweißphotographien attraktiver zu machen.

Ausschlaggebend für die Qualität der handkolorierten Lichtbilder – das übersieht man auf den ersten Blick leicht – war der Maßstab, mit dem ein Kolorist arbeitete. Er mußte genauso sorgfältig vorgehen wie ein Uhrmacher; ein zeitgenössischer Kenner der Geschichte der Photographie beschreibt das sehr treffend: »Das Bemalen von Lichtbildern war eine schwierige und mühsame Kunst, die ein feines Gespür und äußerste Sorgfalt erforderte, denn die Lichtbilder waren zwar nicht kleiner als die meisten anderen Miniaturgegenstände, aber sie wurden um das Mehrhundertfache des Durchmessers vergrößert, und auf diese Weise wuchs sich auch der winzigste Fehler zu peinlichen Dimensionen aus.«[5]

Sobald es erst einmal möglich war, handkolorierte Dias herzustellen, konnte man sich sozusagen Träume von der Stange kaufen. Eine große Auswahl von Dias stand zur Verfügung. 1891 beispielsweise inserierte eine Londoner Firma, daß sie einen Vorrat von zwei Millionen Lichtbildern auf Lager habe.[6] In speziellen Dia-Katalogen wur-

*Albert Einstein und seine Frau mit Hopi-Indianern vor einem Hopi-Haus im Grand Canyon, Arizona.*

den die unterschiedlichsten Lichtbilder angeboten, einschließlich solcher über Themen wie »Der amerikanische Bürgerkrieg«, »Das chinesische Kaiserreich in Illustrationen«, »Porträts berühmter Amerikaner«, »Illustrationen zu den Erzählungen von James Fenimore Cooper«, »Landschaften in Amerika und anderswo«, »Im Heiligen Land«, »Historische und literarische Denkwürdigkeiten«. Reiseberichte erfreuten sich besonderer Beliebtheit und waren sehr verbreitet.[7]
Eine wichtige Eigenschaft der Laterna-magica-Schau war das neuartige visuelle Erlebnis. Bis zur Erfindung des Films waren die Glasbilder das einzige Medium, das es mehreren Menschen gleichzeitig ermöglichte, an die Wand projizierte Bilder zu betrachten und sich, in übertragenem Sinne, in ferne Weltgegenden versetzen zu lassen. Der Slogan hieß auch damals: »Machen Sie sich, Ihren Freunden und Kindern ein paar schöne Stunden – gehen Sie in die Laterna magica.«[8]
W. H. Simpson, der ja selbst Amateurphotograph war, befürwortete die Verbreitung handkolorierter Dias als eine bequeme und ausbaufähige Möglichkeit, sich in die kollektive amerikanische Psyche einzuschleichen. Und so setzte die Santa-Fé-Eisenbahn dieses populäre und vielseitige Lehrmittel, das an sich ein Medium zur Nachrichtenübermittlung und Unterhaltung war, zur Förderung des Tourismus ein: Das handkolorierte Dia fand als Werbeträger der Eisenbahn weite Verbreitung; es war leicht zu transportieren, billig, effektiv und – unterhaltsam.

Die Werbeabteilung der Santa Fé setzte aggressiv und phantasievoll auf die Sprache der Farbe. Farbe war einer ihrer größten Aktivposten. Die Werbekampagnen zur Propagierung von Reisen mit der Santa Fé läuteten ein Goldenes Zeitalter ein, in dem die Farben leuchteten und die Bilder blühten. Farben vermitteln die Illusion, man wäre schon angekommen – das hatte der heilige Thomas nur den Engeln zugestanden, als er darauf beharrte, eine ihrer charakteristischen Eigenschaften sei ihre Fähigkeit, sich von einem Ort zu einem anderen zu begeben, ohne sich auch nur bewegen zu müssen! Der Kolorist war der Metaphysiker des Festlichen und Zeremoniellen. Er hatte die Macht, uns in Welten unermeßlichen Reichtums zu versetzen und sie uns wieder zu entziehen, nach Angenehmem und Wundervollem das Schreckliche und Furchterregende vor unserem Auge entstehen zu lassen. Die Hersteller der Bilder hatten diese Unmittelbarkeit der Wirkung von Farbe erkannt, die die traditionellen Schwarzweißbilder nicht bieten konnten, und sie bedienten sich ihrer mit großem Erfolg, um zu informieren, zu unterhalten, in Staunen zu versetzen, um die Menschen zu fesseln und zu hypnotisieren. Die Farbe war ihr eigentliches Reich.

Die gebräuchlichste Methode zur Massenproduktion von farbigen Photographien war die Handkolorierung. Das Einfärben des monochromen Bildes machte die Photographie viel realistischer und steigerte die Empfänglichkeit des Betrachters. Ehe die moderne Farbphotographie in den späten dreißiger Jahren auch einem breiten Publikum zugänglich wurde, befriedigten die Handkoloristen die ungeheure Nachfrage nach farbigen Bildern.[9] Viele von ihnen waren Porträt- oder Miniaturmaler gewesen, die infolge der Erfindung der Photographie plötzlich keine Arbeit mehr hatten. Paradoxerweise teilten weder Künstler noch Photographen die Begeisterung der breiten Öffentlichkeit für kolorierte Photographien. Viele von ihnen hielten die Farbe mit ihrem »künstlichen Gezeter« und den »unnatürlichen Effekten« für eine vulgäre Geschmacksverirrung und befanden sie als minderwertig. Darüber hinaus war man der Ansicht, daß es vielen Handkoloristen an einem »klaren Verständnis für die Grundregeln einer harmonischen Farbgebung und für die Abstufung der Farben, wie man sie an den natürlichen Gegenständen feststellen kann«, mangle und daß sie nicht in der Lage seien, »den gesunden Menschenverstand zu gebrauchen«.[10]

Dennoch gibt es zahlreiche und sehr qualitätsvolle Beispiele für die »Kunst« des Kolorierens. Die Santa-Fé-Lichtbildervorträge waren Symphonien von Licht und Farbe. Einige der schönsten äußerst kunstvoll kolorierten Bilder entstanden damals, beispielsweise *Navajo Maiden* (*Navaho-Mädchen,* S. 152) oder *Mirror Lake, Yosemite* (S. 84). Der Farbauftrag war manchmal von so subtiler Sanftheit, Wärme und Lebensechtheit, daß man diese kleinen Meisterwerke fast mit besonders guten Exemplaren der modernen Farbphotographie verwechseln könnte. Beispiele für diese elegante Pinselführung sind *Hopi Girl on Ladder* (*Hopi-Mädchen auf einer Leiter,* S. 109) und *The Altar Falls, Grand Canyon* (*Der Altar-Katarakt im Grand Canyon,* S. 65). Diese Wirklichkeitstreue beim Kolorieren von Landschaften führte nicht selten zu einem pointierten Herausarbeiten der natürlichen Schönheit, auch wenn die Farbgebung für den Himmel, das Wasser und die Berge manchmal idealisiert wurde, etwa bei *Nevada Falls* (*Der Nevada-Katarakt,* S. 79). Raffinesse und eine sensible Abstufung der Farben lösten oft einen plötzlichen Stimmungsumschwung aus und wirkten beruhigend, etwa bei dem Bild *Hopi Potter Mixing Clay* (*Hopi-Töpfer beim Kneten von Ton,* S. 105). Das Bild trieft vor Pathos; ein Hauch von Melancholie bestimmt die Atmosphäre, und die Farbe erweckt den Anschein von Vertrautheit.

Im Gegensatz dazu grenzten grob kolorierte Bilder oft ans Sentimentale und Lächerliche und machten aus einer bunten Ansichtskarte – etwa bei *Navajo Couple* (*Navaho-Paar,* S. 148) eine larmoyante Szene. Ein weiteres Beispiel für solch undifferenziertes Kolorieren ist *Married and Unmarried Hopi Women* (*Verheiratete und ledige Hopi-Frauen,* S. 110).

Eine der wichtigsten Eigenschaften von Farbe ist die Bandbreite von Gefühlen, die sie hervorrufen kann. Ein eindrucksvolles Beispiel dafür sind die beiden Versionen der gleichen Photographie des Mirror Lake im Yosemite-Nationalpark (S. 84). Die Santa Fé verwendete beide Varianten in ein und derselben Lichtbildervorführung – offensichtlich mit großem Erfolg. Der Kolorist ging von einem einzigen monochromen Bild aus und verarbeitete es zu zwei Farb-»Aufnahmen« desselben Motivs. Das Resultat: zwei dramatische und sehr unterschiedliche Effekte; in diesem Fall die Stimmung bei Sonnenuntergang (oder Sonnenaufgang) und die ganz andere Stimmung am Vormittag.

Selbst wenn die Farbe ungeschickt eingesetzt wurde, war die Öffentlichkeit begeistert. Farbe schmückte, zierte und belebte das Bild. Sie veredelte Traurigkeit und hüllte vergangene Epochen in eine malerische Verpackung. Farbe hauchte den Dias einzigartiges dramatisches Leben ein. Sie war etwas Exotisches und schuf eine Atmosphäre des Geheimnisvollen. Eine visuelle Kraft urzeitlicher Gärten. In der Farbe schwangen vielfältige Assoziationen mit, wie Bruchstücke von erinnerten Träumen. »Die Dias, die man uns in der Sonntagsschule zeigte, prägten unsere Vorstellungen«, erinnerte sich Howard Fast. »Wir hatten damals keine anderen ›lebendigen‹ Eindrücke; und so übten die Laterna magica und die Farbe einen ziemlich großen Einfluß auf uns aus.«[11]

# Ausflug in das Land der Indianer

*... wir Amerikaner, die wir uns am liebsten scharenweise auf den Weg machen würden, nur um ein homerisches Ritual in Attika oder eine Schlangenzeremonie in Ägypten mitzuerleben, begreifen erst allmählich, daß auch ein Schlangentanz in Walpi oder ein Erntefest in Cochiti Offenbarungen primitiver Kunst sind, ein Ausdruck des zutiefst menschlichen Strebens nach Schönheit ...*[1]

Harriet Monroe (1920)

*Der Wolkenkratzer wird im Wind sich zerstreuen wie Distelwolle, und das ursprüngliche Amerika, das Amerika New Mexicos, wird von neuem seinen Weg gehen. Denn wir leben in einer Zeit des Interregnums.*[2]

D. H. Lawrence (1924)

Ein Ausflug in das Land der Indianer war eine abwechslungsreiche, farbenfrohe Novität in der Geschichte des Reisens und sollte den Passagieren der Santa Fé ein abenteuerliches und romantisches Zwischenspiel abseits der festgelegten Reiseroute bieten. Dieser Abstecher war ein außergewöhnlich raffiniert geplantes und verlockendes Abenteuer, das ganz neue Werbemethoden mit sich brachte. Das *Albuquerque Morning Journal* beschrieb die Reise ins Indianerland mit der Santa Fé als »eine der wichtigsten [Entwicklungen] ... des modernen Eisenbahntourismus, bei der zum ersten Mal in der Geschichte in einem Transportsystem Zug- und Buslinien durch einen großen Teil des Territoriums parallel verlaufen«[3].

Diese Rundreisen, ein Gemeinschaftsunternehmen von Santa Fé und Fred Harvey, machten das nördliche und das zentrale New Mexico sowie die Hopi-Dörfer und den Canyon de Chelly in Arizona für die Touristen leicht zugänglich. In einem überschwenglichen Leitartikel berichtete das *Albuquerque Morning Journal*, daß die Santa Fé und Fred Harvey damit begonnen hätten, in großem Maßstab für diese Ausflüge zu werben. Sie wollten angeblich »... Hunderttausende von Dollars ... für Reklame ausgeben, damit alle Welt den Südwesten kennenlernen kann«[4].

Die Zuversicht, daß ein so ehrgeiziges Unternehmen auch tatsächlich ein Erfolg werden würde, gründete sich darauf, daß Reisen in den Grand Canyon sehr beliebt waren. Schon 1924 – also bevor man diese Rundfahrt als einen Programmpunkt einführte – brachte die Santa Fé mehr als 50 000 Reisende auf der Nebenlinie von Williams, Arizona, aus zum Grand Canyon. Anschließend wurden die Touristen in Bussen der Harvey-Gesellschaft am äußersten Rand des Canyons entlangkutschiert.

Der erste Ausflug ins Land der Indianer fand am 15. Mai 1926 statt. Mehr als 12 000 Touristikvertreter warben für diese Ausflüge und verkauften sie in ganz Amerika und Europa. Sie versprachen ein noch nie dagewesenes, wunderbares Reiseerlebnis. Die Touristen wurden durch eine Werbebroschüre neugierig gemacht, die verkündete, daß es »in New Mexico mehr Sehenswertes über Geschichte, Vorgeschichte, die menschliche Rasse und die Landschaft zu sehen gibt als in irgendeiner vergleichbaren Gegend der Welt, einschließlich Indien, Ägypten, Europa und Asien«[5]. Die Fremdenführer bei diesen Entdeckungsreisen machten zusätzlich Reklame; sie wurden als »Botschafter« durch die gesamten Vereinigten Staaten geschickt, um in Rotary Clubs, kirchlichen Vereinen, Studentenvereinigungen und Reisebüros Vorlesungen zu halten. Ihre Vorträge illustrierten die Fremdenführer oft mit Lichtbildern der Landschaften und von Eingeborenen, die man auf der Rundreise selber sehen würde. Eine andere Methode, die Touristen auf diese Abenteuerreise aufmerksam zu machen, war es, Karten direkt an die Reisenden der Santa-Fé-Überlandlinie zu verkaufen. »Einmal habe ich eine Rundreise an eine Gruppe von Japanern verkauft«, erinnerte sich eine ehemalige Fremdenführerin aus Santa Fé. »Die japanischen Frauen hatten alle ihre Nationaltracht angelegt. Es war schwer zu sagen, welche Gruppe neugieriger auf die andere war, die japanische oder die indianische.«[6]

Hunderttausend sahen auf einer solchen Rundfahrt den Südwesten und die Indianer zum ersten Mal. Eine erfahrene Fremdenführerin berichtete, daß sie für mehr als 10 000 Touristen pro Jahr persönlich verantwortlich war.[7] Zu den prominenten Teilnehmern solcher Abenteuerreisen gehörten u. a. Eleanor Roosevelt und ihr Gefolge, Harry Guggenheim mit Familie, Albert Einstein und seine Frau, John D. Rockefeller, Jr., mit Familie sowie königliche Majestäten aus Europa, die sich gerade in Amerika aufhielten.[8]

Das Ticket für die Reise ins Land der Indianer wurde – ohne Aufschlag – zusammen mit der regulären Fahrkarte für die Transkontinentalzüge der Santa Fé verkauft. Im

*Indianer begrüßen Eisenbahnreisende am Eingang zum Grand Canyon.*

allgemeinen war eine solche Rundfahrt ein Ausflug mit dem Bus zu Inklusivpreisen mit »individueller Betreuung« und organisiert vom Santa-Fé-/Harvey-Management; er führte über fast 3000 Meilen und dauerte zwei bis drei Tage. Ein dreitägiger Ausflug zum Taos-Pueblo kostete beispielsweise 65 Dollar. Die Absicht war nicht nur, die Touristen auf direktem Wege nach New Mexico zu bringen – was es in diesem Maßstab bislang nicht gegeben hatte –, sondern auch, und das war viel wichtiger, daß die Leute aus dem Osten die Reichtümer und Schönheiten des Landes und die indianischen Pueblos kennenlernten.
Höhepunkt der Rundreise war ein Besuch in den Indianer-Pueblos von Taos, Tesuque, San Ildefonso, Santa Clara und Laguna Pueblo und der prähistorischen Ruinendörfer Tyuonyi und Puye. Seit 1929 konnte man für diese Abenteuerreisen einen Wagen – komplett mit Chaffeur und Reiseführer – für ca. 100 Dollar pro Tag mieten und den ganzen Südwesten bereisen, sofern einigermaßen befahrbare Wege vorhanden waren.[9] Damals gab es auf den vorgesehenen Routen der Rundreisen weder gepflasterte Straßen, noch Wegweiser oder Brücken über die ausgetrockneten Flußbetten. Siebensitzige Geländewagen der Firmen Packard und Cadillac, der ersten »Straßen-Pullmans« überhaupt, mit Chauffeur und »Kurier« (so nannte die Eisenbahngesellschaft die Fremdenführer) sammelten die »Rundreiser« in Albuquerque – wenn sie aus dem Westen kamen – oder in Las Vegas, New Mexico – wenn sie aus dem Osten kamen – auf. Busse, in denen 16 bis 25 Personen untergebracht werden konnten und die »... verstellbare Polstersitze hatten, wie in den Salonwaggons, und ... so konstruiert waren, daß man nach allen Seiten eine wunderbare Aussicht hatte«[10], wurden eigens für

diese Ausflüge gebaut. Die »Abenteurer« wurden abseits der gewohnten Strecken in die Hügel geführt, wo sie Indianer, Ruinen, Künstler und andere Attraktionen besichtigen konnten. Nach diesem Abstecher stiegen die Reisenden wieder in ihren Eisenbahnwaggon, um die Reise fortzusetzen.

Man lockte die Touristen zu diesem neuartigen, exotischen Schauspiel auch mit dem Versprechen auf komfortables, stilvolles Reisen. Der Ausflug ins Indianerland wurde als ein Streifzug mit der Kamera für den reichen, »besonders anspruchsvollen Reisenden« angepriesen, der die Sitten und Gebräuche der »ersten Amerikaner« kennenlernen wollte – eine Art Härtetest, mit allem Komfort natürlich: »Eine Rundfahrt, die durch die neuen Arrangements äußerst beliebt wurde, war die Fahrt zu den Mesas der Hopi ... Da es in den Dörfern keine Unterkunftsmöglichkeiten gab, wurden die notwendigen Gegenstände auf Lastwagen verladen und in das jeweilige Dorf gebracht. Große Zelte mit Feldbetten, Decken, Kopfkissen, Lampen und Waschschüsseln wurden zu transportablen Hotels, die zwar nicht ganz den Ansprüchen der Harvey-Gesellschaft entsprachen, aber für die Stadtgecken durchaus akzeptabel waren. Tische und Stühle wurden herangeschafft, um transportable Speisesäle zu errichten. Lebensmittel, Getränke, Kochgeschirr, Kühlboxen – alles war da, damit die Touristen sicher sein konnten, daß sie unverdorbenes Essen bekamen, das in einer Harvey-Küche zubereitet wurde und, wenn schon nicht bei Kerzenlicht ... so doch zumindest auf Leinen serviert wurde ... Es wurde sogar heißer Tee gereicht, um dem Mahl einen Hauch von Luxus zu verleihen ...«[11]

*Das* Ereignis war der Schlangentanz der Hopi.

Erna Fergusson, die die ersten Kuriere anlernte, zählte einige der exotischen Erlebnisse auf, die den interessierten Touristen erwarteten: »Leute, die die Staaten im Südwesten per Auto durchreisen, erleben das Primitive unmittelbarer als sonst irgendwo auf dem ganzen Kontinent. Sie fahren durch ein Land, in dem ein fremdes Volk, das fremde Sitten hat und eine fremde Sprache spricht, ihnen ein Schauspiel bietet, mit dem sich nur wenige im Orient vergleichen können.«[12] Als besondere Attraktion empfahl sie den Leuten aus dem Osten, sich den sogenannten »Federtanz anzusehen, bei dem eine Feder aufrecht in einem Köcher steckt und sich von ganz alleine, ohne daß jemand sie berührt, im Einklang mit dem Tänzer bewegt. Noch unheimlicher und wilder ... ist der Feuertanz. Alte Männer singen in ihrem charakteristischen klagenden Ton, während die jungen, die sich mit grauer Tonerde beschmiert haben, durch die Flammen hüpfen und springen und sich dabei selber und gegenseitig mit brennenden Fackeln schlagen und spitze, schrille Schreie ausstoßen.«[13] Diese und ähnliche Spektakel wurden in einem luxuriös aufgemachten 86 Seiten starken Prospekt beschrieben, den die Santa Fé drucken ließ, um die Besonderheiten der Rundreise – und ihrer Eisenbahnlinie – anzupreisen. Viele von den Prospekten und Broschüren enthalten Bilder, die eine zauberische Ruhe ausstrahlen. Das Versprechen vieler heiterer Stunden. Eine Welt der Unschuld, die keine feindseligen Kräfte kennt. »Verziert mit phantastischen Girlanden aus goldgesponnenen Fäden«, verzaubern diese Prospekte den Betrachter und laden ihn ein in das Reich des Primitiven und Exotischen »versunkener Städte«. Die Santa-Fé-Werbebroschüre appellierte an das Zugehörigkeitsgefühl und wandte sich an ein leicht zu beeindruckendes und nationalistisch eingestelltes Publikum. Mit patriotischer Geste forderte die Reklame den Touristen auf, während eines Abstechers ins Land der Indianer, ein »unbekanntes Amerika« zu entdecken: »Abseits der ausgetretenen Wege, in unserem fernen Südwesten ... gibt es viele Indianerpfade im steinernen Fels, zentimetertief von den Mokassins eingekerbt ... Sie führen in die verborgenen Gegenden von New Mexico und Arizona, weg von der vertrauten Route der Eisenbahn. Sie führen kreuz und quer über eine letzte Grenze, die zu überwinden 350 Jahre gedauert hat. Sie führen zu verschütteten Städten ... und verbinden uralte Indianer-Pueblos miteinander, wo man ›Archäologie zum Anfassen‹ erleben kann.«[14]

Eine der Reiseführerinnen ging näher darauf ein, als sie in aller Öffentlichkeit davon sprach, daß »das Magische, das Hunderte von Jahren im Südwesten versteckt (war), jetzt von der Santa Fé ans Licht geholt wird«, und davon, daß es »einen solchen Service auf der ganzen Welt kein zweites Mal gibt«. Sie schloß mit den Worten, daß es »notwendig« sei, »in diesem unbekannten Land jemanden zu haben, der nicht nur die Umgebung erklärt, sondern sich auch um all die lästigen Kleinigkeiten kümmert«[15].

So anregend und informativ diese Rundfahrten auch waren, so war doch die Vorstellung vom Leben der Indianer, die die Eisenbahngesellschaft propagierte, weder oberflächlicher noch tiefschürfender, als man das von einem guten »Reisemanager« eben erwartet. Armut oder Krankheit wurden in diesem privaten Notizbuch nicht erwähnt, auch nicht die zerstörerische Gewalt plötzlicher Wirbelstürme und Überschwemmungen in diesen von Natur aus für Katastrophen wie geschaffenen Gebieten. In den zwanziger Jahren grassierten Masern und die Ruhr, und die Hopi wurden in aller Öffentlichkeit in Desinfektionsmitteln für Schafe »gebadet«, um die Seuchengefahr zu bannen; der verheerende Alkoholmißbrauch breitete sich damals immer weiter aus.[16] Übermäßiges Abgrasen und katastrophale Dürreperioden machten einen Großteil des Landes zu unfruchtbaren Einöden. Zu jener Zeit wurden auch die Tänze der Eingeborenen von der Regierung verboten.

Indem sie sorgsam die offensichtliche Härte der menschlichen Existenz ausklammerte, schuf die Santa Fé ein romantisches und eindimensionales Bild vom Leben der Indianer und der Landschaft im Südwesten. Diese reduzierte Sehweise der Eisenbahngesellschaft läßt an *The Silent Lan-*

*John Sloan:* Ausflug in das Land der Indianer. *Radierung, 1927. Die dargestellte Szene konnte als Maistanz im Pueblo Santo Domingo identifiziert werden; laut Sloan handelt es sich um »eine Satire auf die Harvey-Rundreisen«.*[20]

*guage* von Edward T. Hall denken: »Kultur verbringt mehr, als sie enthüllt, und seltsamerweise verbirgt sie es am allerbesten vor den Betroffenen selbst.«[17]
Was die Rundreisen in Wirklichkeit hervorbrachten, war eine Horde von Konsumenten aus der Stadt. Der Indianer wurde zu einem abzuhakenden Punkt auf der Liste der Sehenswürdigkeiten. Die Beobachtung von Mary McCarthy, daß »die Idee der Ausbeutung von fundamentaler Bedeutung für das touristische Erlebnis ist«, beschreibt sehr treffend die Methode, mit der die Santa Fé die Touristen zum Kauf eines »authentischen« indianischen Souvenirs animierte.[18] Zwar fertigten die Indianer seit jeher Tongefäße, Schmuck und religiöse Gebrauchsgegenstände an, aber sie hatten dies nie aus kommerziellen Gründen getan. Das änderten die Santa Fé und die Fred-Harvey-Gesellschaft gründlich: Sie förderten systematisch die Massenproduktion von Kunsthandwerk. Im Verlauf dieses Prozesses stellten sich die Indianer als geschickte und geschäftstüchtige Handwerker heraus. Eine dramatische Verschiebung war die Folge – weg von der Tradition, nach der die indianischen Gefäße religiöse und häusliche Gebrauchsgegenstände waren, und hin zu einer kunsthandwerklichen Industrie, die sich dem Wohnküchengeschmack des Ostens anglich. Die indianische Kultur wurde zu einer bestens verkäuflichen Handelsware, die in Form von Tongefäßen, gewebten Decken, Bildern und Körben vermarktet wurde. Für ein Trinkgeld wurden auch Gesänge und Tänze vor den Touristen aufgeführt. Und beide Seiten profitierten davon. Die neue Kunstgewerbeindustrie verschaffte den Eingeborenen die dringend benötigten finanziellen Mittel und verhalf so manchem indianischen Handwerker zu trauriger Berühmtheit. Aber sie erfreute auch das Auge und rief bei den Kunstsammlern aus dem Südwesten und bei den Touristen eine neue Wert-

schätzung des Eingeborenen-Handwerks wach – und sie appellierte an das amerikanische Nationalgefühl. Darüber hinaus förderte der Vertrieb von indianischem »Kunsthandwerk« durch Fred Harvey und die Santa Fé deren Ansehen, und das Geschäft blühte.
1914 stellte der Anthropologe Walter Hough fest, daß jeder, der ins Hopi-Land reiste, Keramik von Nampeyo, dem berühmten Hopi-Töpfer aus dem Pueblo von Hano mitbrachte. 1919 wurden die Schalen von Nampeyo in sämtlichen Harvey-Geschäften von New Mexico bis Kalifornien ausgestellt. Die Eisenbahngesellschaft manipulierte durch ihre Werbung den Markt, um den indianischen Produkten einen ihnen bislang unbekannten Status als »Kunst« zu erhandeln und die Preise in die Höhe zu treiben. Die indianischen Töpfer ihrereseits kamen den Wünschen der sammelwütigen Touristen nach. Manchmal wurden »künstliche Kunstgegenstände« in Serienproduktion hergestellt – zum Beispiel der *Regengott von Tesuque* (S. 57) –, die in der indianischen Kultur überhaupt keine Rolle spielten. In Wirklichkeit waren sie nur für einen wachsenden Souvenirmarkt von Bedeutung. Dies führte sehr rasch zur Produktion großer Mengen von »Kuriositäten«, die von der Eisenbahngesellschaft und den Händlern kontrolliert wurde, um die steigende Nachfrage eines prosperierenden Touristenmarktes zu befriedigen, den die Eisenbahngesellschaft selber geschaffen hatte.
Mit den »Ausflügen ins Land der Indianer« übertraf die Werbeabteilung der Santa Fé sich selbst, indem sie den Einzugsbereich für Amerika um die Folklore der Wildnis und des »Primitiven« bereicherte. Die Werbung der Santa Fé machte die Rundreise zu einer Fahrt in die Wirklichkeit »außerhalb dieser Welt« und verbarg mit aller Macht diese Wirklichkeit hinter dem Schleier eines malerischen Exotismus. Mit ihren Anzeigen, die eine »neu entdeckte« Kultur eines »sanften, friedliebenden und pittoresken Volkes« rühmten, das ein naturverbundenes Leben führte, erweckten die Werbemanager der Santa Fé den Eindruck, sie seien die Retter einer zugrunde gehenden Zivilisation.
Die »Mythenbildner« verliehen dem »primitiven Leben« und der »Wildnis« Ansehen und Würde. Sie erschlossen die verschiedenen Landschaften unter dem Gesichtspunkt der Verwertbarkeit, und aus eindrucksvollen und exotischen Gegenden machten sie erregende Phantasmagorien. Im Namen von Unterhaltungswert und unmittelbarer Erfahrung wurde das »szenische Gepränge« als »unser letztes Grenzland ... mit ... malerischen Völkern ..., [die] mit ihren Herden und Rudeln über die weite Prärie ziehen«, angepriesen. Man wurde aufgefordert, »die epische Dimension von Amerika zu fühlen ... [und] kennenzulernen, was von dem ursprünglichen Amerika übrig geblieben ist«, weit weg von der um sich greifenden Anarchie der Wolkenkratzer.[19]
Der Erfolg der Santa Fé hing davon ab, ob die Werbemanager das öffentliche Klischee vom »typischen« Indianer trafen. Die glatten und ansprechenden Bilder von der »Realität« der Indianer ersetzten allmählich die Realität selbst, und die Indianer wurden zu synthetischen Wesen. Ihren Höhepunkt erreichte diese Entwicklung, als man die Indianer aus ihrer natürlichen Umgebung riß und sie als soziale Objekte verfügbar machte. Dennoch hat diese ganze Werbekampagne in der Öffentlichkeit ein neues Bewußtsein für die Vielfalt und den Reichtum innerhalb des eigenen Landes wachgerufen.
Mit der erfolgversprechenden Formel von der nationalen Zugehörigkeit wurden die Kultur und das Land vereinnahmt. Die Aneignung der Geschichte eines Landes und der Erfahrung und Weisheit eines Volkes zum Zweck der kollektiven Selbstbestätigung sicherte der Eisenbahngesellschaft das von ihr beanspruchte Monopol auf Wahrheit. Die Wunder, die sie der Welt vor Augen führte, sollten bald zu Gemeinplätzen der Tourismuswerbung werden. Aber bevor dies geschah, verbreitete sich die Sage von der »amerikanischen Urheimat« – das poetische Lied vom Indianer im Südwesten und von blühenden Wüsten im Kernland – und berührte die Herzen unzähliger Menschen.

*Auf der Suche nach den verschiedensten Zerstreuungen reisen die Menschen in die verschiedensten Gegenden, denn sie sind launisch ... und immer suchen sie nach etwas, das sich ihnen doch immer wieder entzieht.*[1]

Seneca

*Das Fleisch ist müde ach! die Bücher sind gelesen.*
*Entfliehn! nur fort! ...*
*Ich reise! Schwankend schiff du wirst den anker lichten*
*Und mastenschaukelnd nun den bug nach süden richten!*[2]

Stéphane Mallarmé »Seewind«

*Wenn man dann dorthin kommt, ist nichts da.*[3]

Gertrude Stein

*Wer wissen will, warum die Menschen reisen, muß sich als erstes darüber im klaren sein, daß er bei dieser Frage auf einen der grundlegenden Konflikte des menschlichen Geistes stößt: Einer Sehnsucht nach Identität, nach einer Rückkehr in den mütterlichen Schoß, wenn Sie so wollen, steht der Wunsch entgegen, auszubrechen und die Welt zu entdecken. In einem höheren Sinne ist eine Reise daher eine Art Geburt oder Wiedergeburt.*[4]

Dr. Ernest Dichter

# Abenteuerreise mit Komfort

## Auf der Suche nach dem Primitiven und Exotischen

*»Nach Osten gehe ich nur, wenn ich gezwungen werde, nach Westen gehe ich frei. Hier liegt die Zukunft ... Ich muß gegen Oregon wandern, nicht gegen Europa.«*[4a]

Gegen Ende des 19. Jahrhunderts zeichneten sich bereits viele Charakteristika des modernen Tourismus ab, aber die Entwicklungen zu Beginn unseres Jahrhunderts – vor allem der Ausbau eines umfangreichen Eisenbahnnetzes und die Erfindung des Automobils – steigerten die Mobilität und läuteten ein neues Zeitalter des Tourismus ein.
»Amerika, das war wie ein Versprechen«, notierte Archibald MacLeish, und der Westen eine Art Ausgangspunkt für Träume, ein Märchen, das nur darauf wartete, erzählt zu werden. In der Vorstellung vieler Menschen, die nach neuen Perspektiven und schnellem Reichtum suchten, war es immer noch Neuland.[5] Die Santa-Fé-Eisenbahn-Gesellschaft erkundete diese Möglichkeiten und das poetische Potential der Wildnis für den Tourismus und die kollektive Selbstbestätigung und machte es sich zur Aufgabe, Alternativen aufzuzeigen.
Mit Hilfe der Santa Fé tat sich der Westen auf. Verführerisch lockte und winkte er. Er erfüllte eine Sehnsucht nach Abenteuer und Entdeckungen; er verhieß Erholung von dem Überdruß, den die Anonymität des Großstadtlebens mit sich brachte. Die Werbung der Santa Fé versprach einen Ferienausflug mit einem Hauch von Aufregung, Flucht und Verfolgung – und verhieß eine Neugeburt des Geistes. Sie pries eine neue Welt an, primitiv und exotisch, im wild zerklüfteten Labyrinth des amerikanischen Westens – »das staunende Erschauern angesichts der großartigen Felsformationen und der bizarren Schönheit« des Grand Canyon, »das bestrickende Yosemite«, und die »wilde Freude und Ekstase der Bergketten im fernen Westen«. Eine ganze Nation wurde aufgefordert, diese »unerforschten« Gegenden des Landes zu besuchen. Das Land der indianischen Kultur war immer noch ein entlegener Außenposten im Südwesten, und die Imageproduzenten der Santa Fé luden die Touristen ein, die »wahren Ureinwohner Amerikas ..., ihre malerischen Sitten und Gebräuche zu entdecken«.[6]
Die Santa Fé wollte die Lebensqualität des Ostens auf den Westen übertragen, und bot aus diesem Grund »intime Autoausflüge im kleinsten Kreis« zu den prähistorischen Ruinen und den Indianer-Pueblos in New Mexico und Arizona an. Erlesen zusammengestellte Picknickkörbe und die Veranstaltung von Teepartys sollten diese »Ausflüge in das Land der Indianer« attraktiv machen. Exklusive Kutschenfahrten in eleganter Abendgarderobe den Grat des Grand Canyon entlang, Ausritte auf Mulis in dekorativen Reitkostümen weit hinein in diesen riesigen Spalt in der Erdkruste veranlaßten einen englischen Reisenden zu der Bemerkung, daß »all dies inmitten der Berge doch etwas seltsam wirkt«.
Diese überschwenglichen Phantasien wurden ernst genommen, und der Tourismus im Südwesten Amerikas wurde – unter der Ägide der Santa-Fé-Eisenbahngesellschaft – eine neue Religion. »Wir werden, wie einstmals die Athener, ›in der klaren Luft‹ friedlich wandeln«, schrieb ein Tourist aus New England, der in den neunziger Jahren mit der Bahn reiste. »Wir müssen Wüsten durchqueren und Berge erklimmen, bis wir in das Paradies des Westens gelangen und den Saal Montezumas durchschreiten.«[7]

*Die Saguaros (Kakteen) – auch sie sind Indianer. Man wirft nie etwas auf sie. Wenn du mit Felsbrocken ihr Haupt triffst, wirst du sie töten. Man darf nicht einmal ihre Haut ritzen, denn dann trocknen sie aus und sterben. Du darfst sie nicht verletzen. Sie sind* Indianer.[8]

Papago-Indianer

*DER »MÄRCHENBUS« UND EIN WOHNWAGEN AM SAGUARO NATIONAL MONUMENT IN DER NÄHE DER PAPAGO-RESERVATION IN ARIZONA*

Für die Touristen, die sich in den neunziger Jahren die Pueblos im Südwesten ansahen, wurden immer wieder Vergleiche mit den antiken Stätten in Ägypten, Nubien und Babylon angestellt; statt dessen hätte man sie lieber auffordern sollen, sich die Überreste des Lebens der eingeborenen Indianer genauer anzusehen, meinte dazu ein Historiker.[9] Zu Beginn unseres Jahrhunderts, als die Santa-Fé-Eisenbahngesellschaft damit begann, auch die Indianer in ihre Werbekampagnen für den Südwesten einzubeziehen, waren diese nur mehr Dekorationsstücke. Die Santa-Fé organisierte Ausflüge entlang ihren Haupt- und Nebenstrecken durch Nord- und Südarizona zur »Painted Desert« und der Wüste von Sonora. Die Papago-Indianer (»Das Wüstenvolk«) lebten etwa fünfzig Meilen südwestlich von Tuscon.

Für die Papago-Indianer ist der Saguaro-Kaktus ein menschenahnliches Lebewesen. Die beeindruckenden Riesengewächse werden bis zu 15 m hoch und erreichen ein Alter von bis zu 200 Jahren. Aus dem Fruchtfleisch werden einige der wenigen alkoholischen Getränke der Eingeborenen gewonnen – eine lebensspendende Kraft für alle Papago-Indianer.

*»In diesem Land scheint ja überhaupt niemand zu wohnen.«*
*»Nein, in dieser Gegend lebt tatsächlich niemand«, gab der Fremdenführer zu.*
*»Ja, aber ...!« rief die Frau aus, »haben Sie denn dann keine Angst vor Banditen?«*
*»Wie meinen Sie das?« fragte der Kurier.*
*»Banditen!« war die heftige Antwort. »Wilde. Das ist doch Mexico, oder?«*[10]

Fred-Harvey-Gesellschaft
Eine Touristin im Frijoles-Canyon, New Mexico

*VULKANISCHES GESTEIN AM CUMBRES-PASS IN NEW MEXICO*

Am 15. Mai 1926 startete die Santa-Fé-Eisenbahngesellschaft in Zusammenarbeit mit der Fred-Harvey-Gesellschaft ein gewagtes touristisches Experiment, den »Ausflug in das Land der Indianer«. Man hatte einen ganzen Wagenpark von Packard-Automobilen, den ersten »Straßen-Pullmans« überhaupt, mit denen einige wenige privilegierte Touristen zu den indianischen Pueblos und Ruinenstätten in New Mexico und Arizona gebracht wurden. Die Autos waren mit »Tesuque«-brauner Farbe bemalt, auf den Türen war ein stilisierter indianischer Donnervogel als offizielles Markenzeichen abgebildet. Die Touristen nannte man »Abenteuerreisende« oder »Stadtfräcke«, die Fremdenführer »Kuriere« und die Chauffeure »Navigatoren«. Die Autos waren mit allem Komfort ausgestattet; sie hatten bequeme Ledersitze, ein Schiebedach und zwei zusätzliche Klappsitze. Diese Ausflüge mit dem Auto wurden als »Kreuzfahrt über Land« für den »anspruchsvollen Reisenden« angepriesen; sie dienten der »Wiederentdekkung Amerikas« und der »echten Amerikaner«. Die Touristen wurden aufgefordert, wie die Indianer im Freien zu kampieren.

*GESAMTANSICHT DER HANDELSNIEDERLASSUNG CRYSTAL IN NEW MEXICO*

Crystal, nahe der Grenze zwischen Arizona und New Mexico gelegen, war einer der beliebtesten Ausgangspunkte für Photographen und Touristen, die Expeditionen zu den Pueblos und in das Land der Navahos um den Canyon de Chelly unternahmen. Hier wurden auch die hochgeschätzten Navaho-Decken hergestellt. Interessenten aus aller Welt kamen hierher, um einen Wandteppich im »Crystal-Stil« zu kaufen; auf die Gestaltung dieser Decken und Teppiche nahm der Geschäfts- und Werbefachmann J. B. Moore ziemlich großen Einfluß. Als Moore 1897 die Handelsniederlassung »Crystal Post« kaufte, war er der Ansicht, daß die Navaho-Decken zu nachlässig und zu locker gewebt seien. Mit dem Instinkt des Geschäftsmannes witterte er ein gutes Geschäft mit den Navaho-Decken. Er schlug bestimmte Muster und Farben vor, von denen er wußte, daß sie dem Geschmack der Städter entsprechen würden. Für eine bestimmte Art dieser Decken, die später als »Crystal Style« bekannt wurde, waren eingestickte Diamanten und die besonderen Bordüren, später auch orientalische Motive charakteristisch. Die Navaho paßten sich den neuen Marktgegebenheiten sehr schnell an. Allerdings förderte Moore auch die Verwendung klassischer Navaho-Muster. Die Entwicklung in den neunziger Jahren bedeutete das Ende der traditionellen Navaho-Decke als Gegenstand für den persönlichen Gebrauch (später trugen die Navaho maschinengewebte Stoffe); sie wurden zu einer Ware. Man hatte jetzt einen gut verkäuflichen Handelsgegenstand, aber die individuelle Decke als Sinnbild der jeweiligen Persönlichkeitsstruktur existierte nicht mehr.

*TONTO TRAIL IN DER NÄHE DES HORN CREEK IM GRAND CANYON*

»Es gibt hier genügend Mulis und Pferde für die Ausflüge, um den Korral eines Großbauern zu füllen«, berichtete 1917 ein Reisender, der schon mehrmals im Grand Canyon gewesen war. »Andererseits stehen hinter der Niederlassung schier endlose Schlangen solider Pullmans mit vier, fünf oder sechs Abteilen für je eine Fahrt; jeder Wagen hat zwei Motoren. So können pro Tag 2000 Personen transportiert werden. Täglich reisen Berühmtheiten aus aller Welt an und bleiben dann oft wochen- oder sogar monatelang hier.« In seinem Buch *Going Abroad Overland: Studies of Places and People in the Far West* fährt David M. Steele in seiner Schilderung des »Giganten der Abgründe« folgendermaßen fort: »Der erste und vielleicht erstaunlichste Eindruck für einen Reisenden, der den Grand Canyon besuchen will, ist die Ankunft. Absolut nichts weist auf die Existenz dieser Schlucht hin, bis man am Eingang zum Canyon aus dem Zug steigt und fast in ihn hineinfällt. Ein Loch, über eine Meile tief, direkt am Nebenausgang einer Eisenbahnstation und neben einem Hotel, in dem man nach einer Fahrt durch eine absolut flache Landschaft abgestiegen ist ... Der Zug ... hält ganz plötzlich an, und man steht vor dem Tor zum Himmel.«[11]

*New Mexico ist von Künstlern (und seit den zwanziger Jahren von den Touristen) entdeckt worden. In einem verzweifelten Versuch, den Schwierigkeiten ihres Lebens in den Städten des Westens zu entfliehen, suchten sie nicht nur die Ruhe und den Frieden der Wüste, sondern auch eine Neubelebung durch das primitive Leben ... Übersättigt und mit zerrütteten Nerven tauchten diese Schöngeister in diese Welt ein ... Alles, auch das Verrückteste war ihnen recht, wenn sie nur ihren gemeinsamen Wunsch zum Ausdruck brachte, im Westen zu leben und wie die Indianer werden zu wollen ... Jeder hatte einen Lieblings-Pueblo, einen Lieblings-Indianer, eine Vorliebe für ein bestimmtes Kunsthandwerk. Sie waren »domestizierte« Indianer, verkauften irdene Krüge, Körbe und gewebte Matten, saßen neben der Feuerstelle (der im Pueblo nachempfunden); sie rauchten und tranken Kaffee, und man forderte sie auf, zu singen und Geschichten zu erzählen ... Witter Bynner kaufte eine berühmte Sammlung indianischen Schmucks und behängte sich und seine Freunde damit. Alice Corbin brachte das Navaho-Jäckchen aus Samt in Mode. Stetsons, Cowboystiefel, Flanellhemden, sogar Decken waren die übliche Bekleidung ... Mary Austen ergründete ihr Leben und regelte es neu, entsprechend dem indianischen Rhythmus ...*
*Es war Pflicht, bei jedem Pueblo-Tanz dabeizusein. Wenn man es versäumte, am Festtag eines Heiligen auf einem Sonnendach zu erscheinen, stempelte einen das als seelen- und geschmacklosen Menschen ab.*[12]

Erna Fergusson (Autorin und Ausbilderin der Kuriere der Fred-Harvey-Gesellschaft)

*»JOHN GOLDZAHN«, EIN HÄUPTLING DER JICARILLA-APACHEN IM PUEBLO TAOS, NEW MEXICO*

Die zerklüfteten Felsen der beeindruckenden Bergkette Sangre de Cristo (Blut Christi) bilden die dramatische Kulisse für das Leben der Tewa-Stämme. Im Sommer schmelzen die Schneekuppen, und wahre Sturzbäche ergießen sich auf die Mesas und versorgen viele fruchtbare Täler mit Wasser.

Einige der Pueblo-Indianer aus dem nördlichen Rio-Grande-Gebiet zogen alljährlich in die Ebenen, »um dort ihr Lager aufzuschlagen, die Komantschen zu besuchen und mit ihnen zusammen auf die Büffeljagd zu gehen«, berichtet der Anthropologe Edward Dozier. Noch in den dreißiger Jahren, so Dozier, »sprachen die alten Männer mit wehmütiger Erinnerung von diesen Begegnungen in der Prärie, aber die Ausrottung der Büffel und die Umsiedelung der Prärie-Indianer in Reservate setzten diesen Kontakten ein Ende.«[13] Wir wissen nicht, was dieser Apache in Taos wollte; er kam vielleicht am Festtag des Pueblo-Heiligen zu Besuch; Pueblo-Indianer besuchten sich oft und trieben regen Handel miteinander. Vielleicht wollte er auch bei einem Initiationsritual oder einem der Pueblo-Wettkämpfe, beispielsweise dem beliebten Wettrennen, dabeisein.

*PRÄHISTORISCHE FELSEN-WOHNUNGEN IM FRIJOLES-CANYON, BANDELIER NATIONAL MONUMENT, NEW MEXICO*

1890 beschrieb der Forscher Adolph Bandelier seine Entdeckung des Frijoles-Canyon als »das Grandioseste, was ich je gesehen habe«. In seinem Tagebuch steht, daß er »... beim Abstieg fast in den Canyon hinuntergestürzt wäre ... Die Klippen an der Nordseite ragen fast senkrecht auf, und an ihrem Fuß ... befinden sich Behausungen ... Einige haben ein, zwei oder sogar drei Stockwerke ... In den Räumen kann man immer noch Spuren von Verputz entdecken. Einige haben richtige Mauern; andere sind nur Löcher in den Felsen. Viele Tongefäße ... ich fand vollständige Feuerstellen, Metaten, Matos und eine Steinaxt.«[14] Bandelier, 1916 zum National Monument erklärt, befindet sich auf der Pajarito-Hochebene im Canyon- und Mesagebiet des nördlichen New Mexico, zwanzig Meilen von Santa Fé entfernt. In dieser Gegend gibt es viele prähistorische Ruinen. Klippenhäuser und kegelförmige Aushöhlungen im Felsen erstrecken sich über zwei Meilen entlang der Nordseite des Canyons. Die »Dörfer« wurden auf steilen Sockeln (angehäuftes Gestein und Erde) am Fuße der Klippen angelegt; die »Häuser« baute man aus Tuffgestein (Erdschichten aus vergleichsweise weicher, verbackener Vulkanasche).

*INDIANERIN IN TESUQUE BEIM ANFERTIGEN VON REGENGÖTTERN*

Einst hatten die Gefäße in menschlicher oder tierischer Form, die von den Tewa im Pueblo Tesuque hergestellt wurden, rituelle Funktionen oder praktischen Gebrauchswert. Das änderte sich jedoch, als die Eisenbahngesellschaft zu Beginn unseres Jahrhunderts begann, Reklame dafür zu machen, »mit der Santa Fé den ganzen Weg« nach Südwesten zu fahren. In Zusammenarbeit mit der Fred-Harvey-Gesellschaft baute die Santa Fé eine am Touristenbedarf orientierte Kunsthandwerksindustrie auf, in einer Gegend, wo es derlei nie gegeben hatte. Indianische Handwerker wurden im »Indianerzimmer« zur Schau gestellt – eine ganz neuartige Attraktion im Hotel Alvarado in Albuquerque, das die Santa-Fé und die Fred-Harvey-Gesellschaft 1902 gemeinsam errichtet hatten. Hier konnten die Touristen »geduldige Navaho-Squaws beim Weben von Decken« und »Indianer aus Acoma und Laguna beim Töpfern« beobachten. Sie konnten die hübschen Sachen auch kaufen – und noch viel mehr davon im Andenkenladen gleich nebenan. Eine unvermeidliche Begleiterscheinung dieses Ausverkaufs der indianischen Kultur war, daß plötzlich Unmengen von »Raritäten«, wie der Regengott von Tesuque, hergestellt wurden.[15]

*Geographie gilt nichts mehr*
*Der Kompaß hat jeglichen irdischen Norden verloren*
*Horizonte bedeuten nichts mehr*
*Straßen erklären nichts mehr.*[16]

Thomas Merton
(Amerikanischer Dichter und Philosoph)

*ROWE'S POINT, GRAND CANYON*

Der Grand Canyon ist eines der großartigsten und spektakulärsten Naturwunder dieser Erde. Scheinbar endlos zieht sich seine leuchtende Farbenpracht in Streifen und Bändern dahin, die wie Perlmutt schimmern. Schweigen herrscht hier – wie in einer Kathedrale. Der erste Blick in soviel grandiose Erhabenheit raubt einem den Atem und ergreift die Seele.

Der Canyon ist uralt und doch nicht alt. Von seinem Rand aus blickt man in eine Zeit zurück, in der die Erde noch jung war, vor fast zwei Milliarden Jahren. Die Ausformung des Canyon selbst dauerte jedoch nur zwischen sechs und dreißig Millionen Jahre – geologisch gesehen einen Atemzug lang. Mehr als 2000 prähistorische indianische Wohnstätten sind über den ganzen Canyon verstreut und auch viele Goldgräberlager aus dem 19. Jahrhundert, verwitterte Überreste des Goldrausches, Zeugen unsäglicher Enttäuschungen und nur selten von Erfolgen gekrönter Anstrengungen.

*DER GRAND CANYON*

Ein chinesischer Reiseführer, in dem von einem berühmten Berg die Rede ist, stellt fest, daß »ein Berg ohne bizarre Gipfel oder ausgefallene Felsformationen, welche seine und die Schönheit der landschaftlichen Szenerie erst ausmachen, ... niemals die Aufmerksamkeit ganzer Generationen von Menschen auf sich ziehen« wird. Im Grand Canyon ist der Betrachter einer Weite, einer Stille und einem Licht ausgesetzt, die nicht von dieser Welt zu sein scheinen und die ihn ganz in ihren Bann ziehen: Visionen einer Urlandschaft, der rätselhafte Zauber einer irrealen, orientalisch anmutenden Phantasiewelt und die Ehrfurcht vor dem Unbekannten, Unbegreiflichen stellen sich fast unwillkürlich ein. Die Zeit scheint still zu stehen, die Luft spürbar zu sein in ihrer irisierenden, Licht, Schatten und Formen unwirklich reflektierenden Transparenz.

*DER GRAND CANYON VOM GRAND VIEW POINT AUS*

1901 leitete die Santa-Fé-Eisenbahngesellschaft ein neues Zeitalter des Tourismus ein, als sie die Strecke von Williams, Arizona, bis an den Eingang des Canyons fertigstellte. 1905 entstand hier ein einzigartiger Hotelkomplex, das El Tovar, und der Canyon wurde zu dem Ferienziel schlechthin. Jetzt war er auch den Massen der Städter zugänglich und blieb nicht länger wenigen Wagemutigen vorbehalten, die die Unannehmlichkeiten einer Reise mit der Kutsche oder in einem Güterwaggon auf sich genommen hatten, um einen Blick in die Schlucht zu werfen. Das Hotel lockte ganze Scharen von Touristen an, denn die Werbung versprach, man würde es dort genauso bequem haben wie zu Hause. 1920 beschrieb der Schriftsteller und passionierte Reisende John C. van Dyke den Einfluß dieses Hotels auf den »neuen Touristen«: »Das Hotel ist viel zu verlockend. In dieser bequemen Unterkunft braucht man nur aus dem Fenster zu schauen und stellt fest, daß man den ganzen Canyon vor sich hat. Neun von zehn Leuten begnügen sich auch damit. Sie gehen nicht weiter als vielleicht bis zu den Bänken am Rand des Canyons … Dann steigen sie in den Abendzug, sind einigermaßen glücklich, hier gewesen zu sein, und wahrscheinlich sehr befriedigt, den Canyon ›gesehen‹ zu haben.«[17]

*Dies ist mein Herz, wenn ich so durch das Land schweife; meine Seele, mein Leben und mein Brot.*[18]

Wanderlied der Salisch-(Flachkopf-)Indianer

*AUSBLICK AUF DEN GRAND CANYON*

»Es ist kein aristokratisches und exklusives Privileg mehr, Urlaub zu machen«, stellte 1929 ein Kalifornier fest, und »es wird immer schwieriger, ein Plätzchen zu finden, wo man sich wirklich erholen kann.«[19]

*DER ALTE GOLDSCHÜRFER*

Dieser wettergegerbte Einsiedler im Grand Canyon war einer der ersten Fremdenführer, der den Touristen seine Tragesel zur Verfügung stellte und ihnen den Canyon zeigte. 1880 war er in den Canyon gekommen, um auf die Jagd zu gehen und nach Gold zu suchen, aber als Fremdenführer verdiente er viel mehr. Ein bekannter Reisender schilderte seinen Eindruck, als er Anfang dieses Jahrhunderts im Canyon einem alten Goldgräber begegnete: »[Er war] ein Genie, ein Philosoph und Dichter, eine unerschöpfliche und wichtige Quelle des Wissens – vorausgesetzt, es ist wahr, was er erzählt. Er lacht mit den Leuten, denen schwindlig wird, macht den Einfältigen etwas vor und redet sehr vernünftig mit ernsten Menschen, und er kennt sich genau aus, was die Landschaft, das Wesen der Menschen und – der Torten betrifft. Den Canyon sehen und [solch einem Menschen] nicht zu begegnen bedeutet, daß man die Hälfte versäumt hat.«[20]

*LAGERPLATZ. DIE ALTAR- (ODER RIBBON-) FÄLLE. BRIGHT ANGEL CREEK, GRAND CANYON*

Um die Jahrhundertwende waren Camper keine Seltenheit in dieser Gegend. Manche brachten ihre ganze Familie mit, manche kamen mit einem Wohnwagen, und einige hatten sogar einen chinesischen Koch dabei. Mrs. Ernest Thompson Seton (sie war mit dem Maler und Schriftsteller Ernest Seton verheiratet; zusammen hatten sie 1930 Seton Village gegründet, eine Gemeinde mit 2500 Morgen Land, wo jeder die Möglichkeit haben sollte, die Natur zu erforschen, sich zu erholen und im Freien künstlerisch zu arbeiten) riet 1905 den Campern: »Liebe Frau, die du zusammen mit deinem Mann auf die Jagd gehen willst – sei dir vorher darüber im klaren, daß du nicht wie üblich kochen oder abwaschen wirst ... Sorge dafür, daß auf diesem Campingausflug ein männlicher Koch dabei ist!«[21]

*DER DIAMOND HITCH (DIAMANTKNOTEN)*

Eine geheimnisvolle und wenig bekannte Technik, Seile zu verknoten, fand oft Anwendung, wenn man die Mulis oder andere Tragtiere mit den Unmengen von Verpflegung für die Touristen bepackte. Man nannte sie den »Diamantknoten«. »Den Diamantknoten werfen« ist eine beliebte Redewendung in Western, aber nur sehr wenige wissen, woher sie stammt. Einen gewöhnlichen Knoten *bindet* man, aber einen Diamantknoten *wirft* man. Ein Ende eines Seiles von zwölf bis fünfzehn Meter Länge wird um den Sattelknauf geschlungen, das andere, lose Ende über das Tier hin und zurück geschleudert, bis man die typische »Diamantstruktur« hat und die Last sicher befestigt ist.[22]

*LAGER IM SCHIEFERGEBIET*

Hermitschiefer ist eine der typischen Substanzen, aus denen die Klippen im Grand Canyon bestehen. Erosion und andere Witterungseinflüsse haben diesen Felsen ihre oft bizarre Form und die Regenbogenfarben verliehen, die den ganzen Canyon in Purpur und Gold erglänzen lassen.

*TEEGESELLSCHAFT VOR EINER RASTSTÄTTE. PHANTOM RANCH, GRAND CANYON*

Die Phantom Ranch (Geisterranch) befindet sich etwa 1500 Meter tief im Canyon – eine ländliche Idylle inmitten des versteinerten Schweigens, umgeben von wilden Bergkuppen und steilen Schluchten. Die Architektin Jane Colter hat die Anlage 1922 entworfen, die im Hauptgebäude den Luxus eines Swimming-pools mit kristallklarem Wasser bietet. Der Weg hierher, für den man mit dem Maulesel fünfeinhalb Stunden braucht, führt an den öden Klippen der Hauptschlucht entlang, über eine 126 m lange Hängebrücke über den Colorado River und windet sich dann den Bright Angel Canyon hinauf zu dieser kleinen grünen Oase in der unwirtlichen Steinwüste.[23]

*DER GRAND CANYON VOM TONTO-PLATEAU AUS*

Diese Aufnahme des tiefsten Canyons der Welt wurde mitten in der Schlucht gemacht. Der dunkle Felsen im Vordergrund rechts heißt *Vishnu schist;* er besteht aus lavaähnlichem Gestein. Es ist die tiefste und älteste Schichtung im Canyon – man schätzt, daß sie etwa zwei Milliarden Jahre alt ist. Der Felsen entstand durch Einwirkung extremer Hitze und starken Drucks und hat entfernte Ähnlichkeit mit einer Kohlenhalde. Den Canyon durchschneidet der Colorado River. Am 21. August 1869 trug Major John Powell, ein einarmiger Veteran aus dem Bürgerkrieg, der als einer der ersten den Abstieg in den Grand Canyon bis hinab zum mächtigen Colorado River wagte, in sein Tagebuch ein; »Um die Biegung drang ein wahnsinniges Tosen – und schon werden wir mit atemberaubender Geschwindigkeit zur nächsten Stromschnelle getragen ... Wir müssen zehn lange, anstrengende Meilen zurücklegen und schaffen das in weniger als einer Stunde. Die Aufregung ist so groß, daß wir die Gefahr vergessen, bis wir vor uns das Tosen eines riesigen Wasserfalls hören ...«[24]

*DER BOX CANYON AM BRIGHT ANGEL CREEK, GRAND CANYON*

1892 finanzierte die Santa-Fé-Eisenbahngesellschaft dem Maler Thomas Moran eine Reise in den Grand Canyon. Als Gegenleistung trat der Künstler der Gesellschaft das Recht ab, *Grand Canyon,* ein Gemälde, das er für die Eisenbahngesellschaft gemalt hatte, als Druck zu reproduzieren und zu vervielfältigen. Moran fuhr mit dem Zug bis Flagstaff in Arizona und von dort aus mit der Postkutsche bis zum Eingang des Canyon. In einem Brief an seine Frau Mary schreibt er, wie ihm zumute war, als er zum ersten Mal die riesige Schlucht erblickte: »Nach dem Essen (Speckkuchen) brachen wir zum Cañón auf. Als wir dort ankamen, lag die ganze, meilenlange Schlucht unter uns, und es war bei weitem das Großartigste und Eindrucksvollste, was ich je gesehen habe. Wir waren auf der zweiten Stufe oder Schicht der großen Schlucht. Über und um uns ragte eine Wand von 600 m Höhe auf und unter uns klaffte ein 750 m tiefer Abgrund, eine halbe Meile breit. Ein gedämpftes Tosen [des Colorado River] hallt ständig aus der Schlucht, aber ansonsten ist es erschreckend still.«[25]

*Was haben wir verloren, hier im Westen?*
*Wir, die wir gen Westen gezogen sind?*
*Es gibt keine Antwort darauf ...*
*Ein Indianer, in sein Leichentuch gehüllt,*
*beantwortet die Frage, während er sie stellt,*
*wie er so vorbeischreitet.*[26]

D.H. Lawrence (1926)

*Die Sitten und die Trachten der indianischen Stämme werden immer interessanter, je seltener wir sie sehen. Kurz gesagt, was einem kein gewohnter Anblick mehr ist, das beginnt man plötzlich zu schätzen.*[27]

Tourist auf der Fahrt gen Westen (um 1880)

*DER »ALTE HÄUPTLING«, EIN INDIANER IN DER TYPISCHEN PRÄRIE-TRACHT*

Diese Photographie ist charakteristisch für die romantische Vorstellung, die man sich um die Jahrhundertwende vom Indianer als einem mystischen Krieger der Prärie machte – eine Vorstellung, die sowohl den vorgefaßten Ansichten über das indianische Leben entgegenkam als auch auf die neugierigen, aber naiven Touristen Eindruck machte. Die Santa-Fé-Eisenbahngesellschaft propagierte diese Vorstellung vehement.
Man weiß nicht, ob dieser Häuptling zu den Pueblo- oder zu den Prärie-Indianern gehörte, obwohl er die Tracht der letzteren trägt.
Da sie in ständigem Kontakt miteinander lebten, übernahmen die Pueblo- und die Prärie-Indianer mit der Zeit bestimmte Sitten und Gebräuche voneinander. Bei beiden Gruppen werden Jagd- und Kriegstänze aufgeführt; beide tauschten Gesänge, Gebräuche und Gepflogenheiten untereinander aus – aus Respekt und Freundschaft, oft auch nur zum Spaß.
Der »Alte Häuptling« hatte möglicherweise an einem jener Komantschen-Tänze teilgenommen, die auch am Rio Grande aufgeführt wurden; man wollte den als aggressiv und stolz geltenden Komantschen nacheifern und die Reitkunst der Prärie-Indianer unter Beweis stellen.

*VERSTEINERTER WALD IM RAINBOW FOREST, ARIZONA*

Im Rainbow Forest (»Regenbogenwald«) kann man eine Reise mehr als tausend Jahre zurück in die Vergangenheit unternehmen, in einen prähistorischen Wald, der durch die endlos sich wiederholenden Zyklen von Erosion und Korrosion zu Stein geworden ist. Unendlich viele Arten versteinerter Hölzer sind über die Hügel und Schluchten der öden Ebene verstreut. Amethyst-, Topas-, Quarz- und Onyx-Kristalle umranden die Strünke und Astlöcher. Splitter, Klumpen, ganze Brocken, golden glänzendes Perlmutt glitzern und machen aus der Wüste ein schimmerndes Mosaik. Größere Ablagerungen von drei bis 75 m Ausmaß säumen den Rand – verwunschene »Bäume aus prismatischem Achat«, stumme Zeugen des Werdens der Erde. Der alte Wald beherbergt auch mehr als 300 Ruinen indianischer Bauten, von einräumigen Schlupflöchern bis hin zu einem Pueblo mit 75 Räumen. Die Santa-Fé-Eisenbahn hält in Adamana, dem Eingangstor zu diesem »Tal der Felsen«.

*VERSTEINERTER WALD, ARIZONA*

Diese kegelförmigen Hügel, »Wigwams« genannt, erheben sich über dem samtenen, mit Edelmetallen durchsetzten Boden der Wüste. Sie sind typisch für die Erosionsformationen, die man in der »Painted Desert«, der »Gemalten Wüste« von Arizona findet. Die merkwürdigen roten Bänder bestehen aus sedimentiertem Schlamm, die weißen am Sockel dieser Landschaftsskulpturen aus Sandstein.

*HERB DUNTON MIT EINEM SEINER MODELLE*

W. Herbert (Buck) Dunton war einer der Gründer der Künstlerkolonie von Taos, und wie so viele Maler und Schriftsteller, die sich Anfang dieses Jahrhunderts entschlossen, in New Mexico zu bleiben, begeisterte auch ihn die abwechslungsreiche und exotische Landschaft, die immer neues Anschauungsmaterial bot. Der urzeitliche Charakter des Landes mit seiner Mischung aus indianischer und spanischer Kultur wirkte wie ein Magnet, der jeden anzog, der in diese Gegend kam. 1912 zog Danton nach Taos, wo er weiterhin Zeichnungen und Illustrationen für *Harper's*, *Scribner's* und andere Zeitschriften anfertigte; in zunehmendem Maße wandte er sich auch der ernsthaften Malerei zu. Die langgezogenen Bergketten, Cowboys und die »von der Zivilisation unberührten« Indianer waren seine Lieblingsmotive. Dunton war mit Herz und Seele ein Bewohner des Westens; er reiste nur zu Pferd und trug immer ein Gewehr bei sich . In seinen Erinnerungen an diese Zeit heißt es: »Der Westen hat sich überlebt – er bietet nur mehr ein trauriges Schauspiel. In 25 Jahren wird es auch keine ›Westerner‹ mehr geben – sie werden dann genauso verschwunden sein wie der Büffel und die Antilope. Ich möchte der Nachwelt ein wenig von der unverfälschten Wirklichkeit hier berichten ...«[28]

*BIG-SQUAW-KUPPE BEI KINGMAN, ARIZONA*

Im Vordergrund sind exotische Josua-Bäume zu sehen, einsame Monarchen eines weiten Reichs öder Verlassenheit. Um sie überhaupt sehen zu können, muß man auf ein Plateau in mindestens 1000 m Höhe steigen. Der Josua-Baum ist ein Yucca-Gewächs, das oft bis zu zwölf m hoch wird. Wenn er zu Beginn des Frühlings blüht, sind seine Spitzen mit Büscheln herrlicher, cremig-weißer Bluten geschmückt. Als die Santa-Fé den Westen »verkaufte«, wollte sie unbedingt die Wildnis kultivieren; aber alle, die sich Gewißheit verschaffen wollten, stießen nur auf vielversprechende Anpreisungen anderer Werbeleute. Ein Historiker berichtet, daß einige dieser Bodenspekulanten »kistenweise Orangen in die Wüste brachten und an die Josua-Bäume hängten, bevor potentielle Kunden auftauchten. ›Sehen Sie, wenn die Orangen schon ohne Bewässerung so gut gedeihen‹, erklärten sie, ›dann können Sie sich vorstellen, wie das erst sein wird, wenn man hier erst einmal Wassergräben zieht.‹«[29]

*OCOTILLA-STRÄUCHER (PEITSCHENKAKTUS) IN DER WÜSTE VON NEW MEXICO*

Der Peitschenkaktus *(Fouquieria splendens)* blüht während der Regenzeit in der Wüste und erreicht eine Höhe von bis zu siebeneinhalb Metern. Man erkennt ihn leicht an seinem drei Meter dicken Stamm, der leuchtend rote Blütenbüschel trägt, die wie kleine Fackeln aussehen; daher auch der Name »Ocotilla« (das spanische Wort für »kleine Fackel«). Wegen ihres vasenförmigen Stamms ähneln die Ocotilla-Sträucher oft losen Bündeln abgestorbener und verdorrter, peitschenförmiger Zweige. Von Zeit zu Zeit sprießen am Ocotilla-Strauch kleine, ovale Blätter, die er aber bald wieder abwirft, so daß nur die dornigen Zweige übrigbleiben.

Offensichtlich wußte der Kolorist dieses Dias nicht, welche Farbe die Blüten in Wirklichkeit haben.

*EAGLE ROCK IM VERSTEINERTEN WALD, ARIZONA*

Eagle Rock (»Adlerfelsen«) hat seinen Namen von den Adlern, die früher auf dem gefährlichen Gipfel mitten im Jasper Forest nisteten. Im Laufe der Zeit, als Wind und Wasser die Landschaft immer mehr veröden ließen, verschwanden einige der vertrauten Orientierungspunkte. Im Januar 1941 sackte der Adlerfelsen in sich zusammen. Dafür »schossen« andere Felsen »wie Pilze aus dem Boden«. Jedes Jahr entstehen neue Formationen, immer mehr versteinerte Bäume und Fossilien kommen jetzt, nach fast 200 Millionen Jahren, an die Oberfläche. Der Felsenhang im Vordergrund besteht aus Teilen versteinerter Bäume, Kiesel und Kopfsteine; man nennt ihn die »gepflasterte Wüste«.

*DER »STRAUSSENBAUM«, EINE KALIFORNISCHE ZYPRESSE*

Die Werbeleute der Santa-Fé-Eisenbahngesellschaft versprachen in ihrer Reklame auf dem Weg nach Kalifornien »jeden Kilometer eine neue landschaftliche Sensation«; dazu gehörten auch »pittoreske Überraschungen« wie die exotische kalifornische Zypresse. »Jeder Baum trägt seine majestätische Kraft auf den eigenen Schultern«, schrieb Willa Cather über die Landschaft im Südwesten.[30] Den peitschenden Winden stemmen sie sich mit unerschöpflicher Energie entgegen. »Die Bäume wiesen dem Menschen den Raum zu, in dem er aufrecht gehen kann ... sie berührten den Himmel, Laute der Unterwelt hallten in ihnen nach ... ihre Wurzeln reichten tiefer als alles andere Leben ... Aus ihnen wurde die Idee der Säule, des Pfeilers geboren.«[31]

*HALBKUPPEL, VOM GLACIER POINT IM YOSEMITE-TAL AUS GESEHEN*

Die Werbung der Santa-Fé für den »Fernen Westen« bot einen fliegenden Teppich »ins Unbekannte« an und rühmte den Yosemite als einen »Ozean der Wildnis und Schönheit«. Als der berühmte Landschaftsarchitekt Frederick Law Olmsted 1863 zum ersten Mal diese Landschaft sah, war er überwältigt von der »Harmonie zwischen äußerster Erhabenheit und äußerster Schönheit der Natur«, die »Yo Semite zum größten Triumph der Natur« mache.[32] Acht Jahre später schrieb der Essayist und Dichter Ralph Waldo Emerson in sein Tagebuch: »Die Großartigkeit dieser Berge ist vielleicht einzigartig auf der ganzen Welt; denn hier recken sie sich wie Athleten, die sich zur Schau stellen ...«[33]

*NEVADA-FÄLLE, YOSEMITE-TAL, KALIFORNIEN*

Herman Melville hat das Schauspiel, das ein großartiger Wasserfall bietet, eindrucksvoll beschrieben: »Aber vielleicht beeindruckte mich nichts so nachhaltig wie diese lautlosen Kaskaden, deren dünne Fäden die steilen Klippen hinabsprangen und sich dann im reichen Grün des Tales verloren. Über der ganzen Landschaft lag eine lautlose Stille, die zu brechen ich mich fast scheute, als könne, wie in den verwunschenen Gärten im Märchen, eine einzige Silbe den Zauber lösen. Lange Zeit saß ich so, meiner eigenen Lage und der des ruhig neben mir schlummernden Kameraden vergessend, und blickte um mich, kaum fähig zu begreifen, wie es zugegangen war, daß ich mich plötzlich als Zuschauer eines solchen Schauspiels wiederfand.«[34]

*BLICK AUF LONGS PEAK UND MEEKER*

»Dante hätte hier geschwelgt;
Rembrandt hätte frohlockt
über die mystischen Schatten.«[35]

Longs Peak, über 4200 m hoch, ist der höchste Gipfel im Norden Colorados; 70 Meilen von Denver entfernt, ist er einer der beliebtesten Kletterberge der Welt. Die Colorado-Berge rissen die Gentlemen-Touristen in den achtziger und neunziger Jahren des letzten Jahrhunderts zu Vergleichen mit den Schweizer Alpen hin: »... man ist umgeben von schneebedeckten Gipfeln und vergißt leicht, daß man in Colorado ist!« Die Werbung der Santa-Fé, nach Colorado zu reisen, hob das patriotische Moment hervor. Der Staat wurde als neue »Fundgrube für Bodenschätze und wilde Ursprünglichkeit« gepriesen; er war nicht mehr nur »der grüne und braune Fleck ohne erkennbare Umrisse«, sondern »liegt jetzt vor uns, so klar und deutlich wie New England, und vom patriotischen Standpunkt aus sogar noch attraktiver«.[37]

*MIRROR LAKE (»SPIEGELSEE«), YOSEMITE*

Um die Jahrhundertwende, so berichtet ein Historiker, war die gängige Antwort auf den Einwand, Kalifornien sei kein historischer Ort, nicht, daß es dort Missionsstationen gebe, sondern »eine unberührte Landschaft«. Reiseberichte namhafter Zeitgenossen über Yosemite beschäftigten noch immer die Phantasie der Amerikaner. Man wurde aufgefordert, »mit der Natur einen Gottesdienst zu feiern, dort, wo man schon fast in der Ewigkeit schwebt«.[39] Andere versprachen eine Reise in »das Tal der riesigen Dome und zinnenbekrönten Festungen«.[40] Walt Whitman meinte, er müsse »zum Regenerieren« in den Westen fahren, denn er »brauche neue Worte, um über diese Ebenen und das ganze Land im amerikanischen Westen zu schreiben; Begriffe wie weit, groß, ausgedehnt usw. reichen einfach nicht aus«.[41]

*LAKE ELLERY, TIOGA-PASS, YOSEMITE-NATIONALPARK*

Yosemite Valley war das erste Naturschutzgebiet Amerikas. Frederick Law Olmsted ist es zu verdanken, daß dieses neuartige Gesetz vom Kongreß beschlossen und am 29. Juni 1864 von Präsident Lincoln unterzeichnet wurde; es legte fest, daß das in Frage stehende Gebiet ab sofort als historisches und landschaftliches Reservat »für die Öffentlichkeit zum Zweck der Ruhe und Erholung« zu gelten habe und als solches für den Staat Kalifornien und für die ganze Nation erhalten bleiben solle.[42] Aber noch war eine Reise nach Yosemite wegen vielfältiger Gefahren und Entbehrungen eher berüchtigt als berühmt. Olmsted berichtete, daß die Touristen »in der Mehrzahl erschöpft von den Anstrengungen und den ungewohnten Härten der Reise« an ihr Ziel gelangen. »Nur wenige Leute, vor allem wenige Frauen, können von Anfang an die Landschaft und die gute Luft genießen ... Viele reisen wieder ab, ohne sich von ihrer ersten Erschöpfung erholt zu haben, und kommen ermattet und krank nach Hause zurück«.[43] Ein anderer Reisender erklärte 1894, dies sei die »anstrengendste, teuerste und eindrucksvollste Reise, die ein Tourist unternehmen kann ...«[44] Gegen Ende des Jahrhunderts meinte ein Journalist im *Out West*, daß eine Reise nach Yosemite »fast ausschließlich Bohemiens und Wissenschaftlern vorbehalten bleibt«.[45]

*DIE BERGE DER SIERRA NEVADA VOM GLACIER POINT, YOSEMITE, AUS*

Zu Beginn unseres Jahrhunderts fand der Photograph die Personifizierung des modernen Helden in »Klippenhängern« wie diesem – ein Eroberer auf der Suche nach kaum bekannten, unzugänglichen Naturwundern. Ein solcher Ausblick »demonierte die Scheuklappen des gewöhnlichen Sehens« und bewirkte »eine neue Art der Wahrnehmung«.[46] Es sprach für bestandene Gefahren und außergewöhnlichen Wagemut, wenn man einen Menschen so direkt über dem Abgrund zeigte. Es schmeckte nach Abenteuer und jagte einem kalte Schauer über den Rücken. Leser der illustrierten Zeitschriften wurden aufgefordert, sich »unserem Photographen« zu einer Reise in die »Welt von oben«, »des unbekannten Universums«, »des Wunders des Lichts« anzuschließen.[47]

*YOSEMITE, KALIFORNIEN*

Um Siedler in den Westen zu locken und den Tourismus zu fördern, nährte die Santa-Fé-Eisenbahngesellschaft Träume vom Goldenen Zeitalter und von einem fruchtbaren Garten Eden. Darin wurde sie durch die Aussagen vieler damals bekannter Persönlichkeiten unterstützt, etwa dem »Dichter und Mann der Wissenschaft« John Muir. Muir war ganz »verrückt nach Bäumen und wilden Landschaftsszenen«; man sagte von ihm, er sei »süchtig nach Bergen ... Er hat immer eine geistesabwesende Miene, als sähe er, wie die Höhen und Gipfel ihm zuwinken.«[48]

*YOSEMITE, KALIFORNIEN*

Die Werbeabteilung der Santa-Fé hatte großen Erfolg mit mehreren, immer wieder anders kolorierten Fassungen ein und derselben Schwarzweißphotographie, wie man an diesen beiden, ursprünglich identischen Bildern vom Mirror Lake unschwer feststellen kann. Den Koloristen wurde beigebracht, wie sie die Kunden verzaubern konnten, indem sie zum Beispiel »weiße Schäfchenwolken oder sogar einen Mond« hinzufügten, um eine jeweils andere Wirkung zu erzielen.

*»DIE DREI BRÜDER«, YOSEMITE VALLEY*

Der Sierra Club wurde 1892 unter dem Vorsitz des Schriftstellers John Muir gegründet. Der Club machte es sich zur Aufgabe, die amerikanische Wildnis zu erhalten. Muir war einer der eifrigsten Verfechter der Idee von Nationalparks. 1903 verbrachten Präsident Roosevelt und Muir ein Wochenende gemeinsam in den Wäldern des Yosemite-Tales. Es war Roosevelts erste Reise in den Fernen Westen, und Muir glaubte, er »könnte etwas Gutes für den Wald tun, wenn man am Lagerfeuer offen miteinander spricht«.[49] Wahrscheinlich wurden bei dieser Gelegenheit die Grundsätze von Roosevelts Umwelt-Politik formuliert, die sich zum Ziel setzte, »dieses unser Land nicht für die Dauer eines Tages, sondern für die kommenden Jahrhunderte zu erhalten«. Muir war ein Bewunderer der Sierra-Nevada-Berge. Seine Begeisterung brachte er in einem Brief an Ralph Waldo Emerson zum Ausdruck, in dem er den Dichter nach Yosemite einlud, um dort »einen Monat lang mit der Natur einen Gottesdienst zu feiern, in den mächtigen Tempeln der Sierra, jenseits unseres heiligen Yosemite … [wo] Sie fast in der Ewigkeit schweben werden«.[50]

*Du hast nach der Linie gefragt, die zum Herzen weist. Sie führt zu dem Geist, der in allen Dingen wohnt – der Geist des Lebens und der Hoffnung. Wenn wir die Geister um uns herum achten, dann achten sie uns auch. Von da kommt das Gute. Wir erweisen ihnen Respekt mit unseren Gebeten und Zeremonien – in allen Dingen. Wir machen das deutlich, indem wir zeigen, daß alle Tiere, sogar die Schlangen, eine Seele haben.*[1]

Hopi-Künstler

# Die Hopi

*Wenn ein Fremder ins Dorf kommt, gebt ihm zu essen. Tut einander nicht weh ... Wenn ein Mensch alt wird ..., verjagt ihn nicht ... Zieht nicht aus, um Streit zu suchen. Ein Hopi soll so leben, wie es sich für einen Hopi geziemt.*[2]

Die Hopi halten sich für die Ureinwohner Amerikas. Das Dorf Old Oraibi ist vermutlich die älteste Siedlung in Nordamerika. Die Hopi leben in Steinhäusern. Ihre Dörfer sind terrassenförmig angelegt; auf den Plateaus von drei Tafelbergen, den Mesas, kauernd, schweben sie zwischen Himmel und Erde auf den entlegenen Hochebenen Nordarizonas, hundert Meilen östlich vom Grand Canyon und etwa sechzig Meilen nördlich der Hauptstrecke der Santa-Fé-Eisenbahn. Ihre Dörfer sehen aus wie eine Fortsetzung der Felsklippen, auf die sie gebaut wurden. Der Ort atmet Heiterkeit und Gelassenheit, die Zeit scheint hier stehengeblieben. Es ist, als befände man sich außerhalb dieser Welt. Die Abgeschiedenheit schafft eine Aura des Geheimnisvollen. Die Hopi nennen sich selbst *Hopitu-Shinumu,* was man am ehesten als »alle Menschen lieben den Frieden« oder »kleines Volk des Friedens« übersetzen könnte.

Auf der ersten Mesa befinden sich drei Dörfer – Walpi, Sichimovi und Hano – und darunter, am östlichen Rand der Mesa, Polacca. Zwölf Meilen weiter westlich ragt die zweite Mesa auf – deren Plateau gespalten ist –, mit ihren drei Dörfern Mishongnovi, Shipaulovi und Shongopovi. Etwa zehn Meilen davon entfernt erstreckt sich die dritte Mesa, eine Art Vorgebirge, an dessen äußerstem Ende Old Oraibi und an dessen Fuß New Oraibi, Hotevilla und Bacobi liegen.

Die Heimat der Hopi ist eine sehr unwirtliche, öde Wüste: weite, fast ausgedörrte Landstriche, voller Felskuppen, Plateaus, Canyons und lang hingezogene Sanddünen, die zwar nur selten, dafür aber um so heftiger von verheerenden Wolkenbrüchen und Gewitterstürmen heimgesucht werden. Alle Nahrungsmittel und fast das ganze Wasser müssen mühsam mehr als eine halbe Meile zu den Spitzen der Mesas hinauftransportiert werden.

Innig verwoben mit dem Alltagsleben der Hopi ist ein Mikrokosmos von Zeremonien und Traditionen, die sich auf die lange Wanderschaft des Volkes beziehen: Nach dem Verlassen der Unterwelt, ihrer legendären Urheimat, bildete sich auf diesen Wanderungen das komplexe System der Hopi-Clans und der Clan-Gesellschaften heraus. Eine Vielzahl von Riten und Symbolen spielen auf diese Wanderung des Clans an und ist Bestandteil einer jeden religiösen Hopi-Zeremonie. Die Kosmogonie der Hopi umfaßt einen Schöpfungsmythos und aufeinanderfolgende Entwicklungsstufen über drei vergangene Welten bis zur heutigen, vierten Welt.

Die Hopi sind ein bäuerliches Volk; ihr Hauptnahrungsmittel ist Mais. Da ihr Lebensunterhalt weitgehend vom Kreislauf der Natur abhängt, halten sie sehr streng die richtigen Zeiten für das Pflanzen, Ernten, Jagen und dementsprechend für die Zeremonien, das Heiraten und viele andere Aktivitäten ein. »Um diesen Rhythmus zu kennen«, schrieb ein Hopi-Häuptling, »mußte man die Bewegungen der Sonne sehr genau beobachten.«[3]

Bis zu Beginn unseres Jahrhunderts, als der Hopi-Stamm etwas über 2000 Mitglieder hatte, verirrten sich nur sehr wenige Leute in ihr Territorium: dann tauchten in den zwanziger Jahren die ersten motorisierten Camper auf, die schon bald ein vertrauter Anblick wurden, und schließlich kamen Tausende von Reisenden mit der Eisenbahn, um eines der berühmtesten Rituale der Hopi, den Schlangentanz mitzuerleben.

Heute gibt es etwas mehr als 8000 Hopi-Indianer. Ihre Geschichte ist die Geschichte eines hartnäckigen Widerstands gegen äußere Einflüsse, und die geographisch isolierte Lage hat ihnen geholfen, viele ihrer Traditionen in einem Maße zu bewahren wie kaum ein anderer Indianerstamm in Nordamerika.

*Jedesmal, wenn eine bestimmte Lebensweise untergeht, werden die Möglichkeiten menschlicher Erfahrungen geringer.*[4]

Alexander Alland, Jr. (Anthropologe)

*HOPI & CO.*

Die Werbung der Santa-Fé lockte mit der angeborenen Neugierde auf unbekannte Gegenden und exotische Kulturen. Der Tourist sollte sich ins Innere dieser Kulturen begeben, an den »ursprünglichen Amerikanern« Amerika erforschen und auf diese Weise einen wesentlichen Bestandteil seines eigenen kulturellen Erbes entdecken.

*MISHONGNOVI, HOPI-PUEBLO*

Mit dem Bau ihrer Siedlungen haben die Pueblo-Indianer im Südwesten wohl den ausgeprägtesten Gemeinschaftssinn in ganz Amerika bewiesen. Die Pueblos selbst stehen in engem Bezug zur Landschaft, in der sie erbaut wurden. Die Tänze, die auf der Plaza aufgeführt werden, bringen diese Wechselbeziehung zwischen der Erde und allem, was sie an Leben hervorbringt, zum Ausdruck. Dem Handwerk oder Ackerbau, dem zeremoniellen oder religiösen Leben in den Pueblos liegt dasselbe kooperative System zugrunde. Beispielsweise hängt das Gelingen eines Rituals so sehr davon ab, daß alle zusammenhelfen, daß seine öffentliche Ankündigung regelmäßig mit den Worten schließt: »Wir müssen alle freundlich zueinander sein und dürfen einander nicht unglücklich machen.« Und mehr noch: »Jegliche Art von Sorgen, Kummer oder Zorn schließt einen Hopi in der Regel von der Teilnahme an einer Zeremonie aus«, wie der Missionar H. R. Voth beobachtete.[5] Aus diesem Bild ist vom Einfluß des Weißen Mannes kaum etwas zu spüren. Das Dorf wirkt verlassen, aber es ist durchaus möglich, daß die Aufnahme in den Mittagsstunden, zur Zeit der größten Hitze, oder zur Erntezeit gemacht wurde, als alle auf den Feldern waren.

*SHIPAULOVI, HOPI-PUEBLO (ZWEITE MESA)*

In den zwei Jahrhunderten vor 1878, als der Ethnologe John C. Bourke zum ersten Mal die Hopi-Dörfer besuchte, hatte sich die Bauweise der Häuser im Pueblo kaum geändert. In seinem Tagebuch findet sich folgende Beschreibung: »Auf unserem Weg bemerkten wir, daß die Kamine der Häuser aus irdenen Töpfen bestanden, die aufeinandergestellt und mit Lehm verkleidet wurden, daß sich auf fast allen Dächern Backöfen befanden und daß man, wollte man ein Haus betreten, immer zuerst auf einer Leiter in das erste Stockwerk hinaufsteigen mußte, um dann in den Wohnraum hinunterzusteigen ... die Wände schlossen nicht, wie bei uns, bündig mit der Vorderfront des Gebäudes ab. Sie waren so gestellt, daß vorne eine Plattform ausgespart blieb, die ihrerseits das Dach des Erdgeschosses bildete und aus runden Kiefernholzscheiben bestand, die mit Reisig bedeckt und anschließend mit Lehm verputzt wurden.«[6]

*DAS LEBEN IN EINEM HOPI-DORF*

Die Häuser in den Pueblos sehen verwittert und sehr alt aus. Der Anthropologe Victor Mendeleff erwähnt als wohl bemerkenswertestes Kennzeichen der Pueblo-Bauweise in früheren Zeiten wie auch heute »die Verwendung kleiner, flacher Steine«, »um dem groben Mauerwerk eine verhältnismäßig glatte Oberfläche vorzublenden«.[7] Auf unserem Bild sind einige Charakteristika dieser altertümlichen Bauweise zu erkennen. Zum Beispiel wurden die Zwischenräume zwischen den großen Steinen mit kleineren Kieseln verstopft, dann mit einem Steinhammer festgeklopft, so daß sich eine einigermaßen ebene Oberfläche ergab. Anschließend wurde mit den Händen Lehm darüber geschmiert. Für das dortige Klima war diese Konstruktionsweise nicht gerade ideal. Heftige Stürme spielten diesen mit Erde bedeckten Häusern übel mit, so daß man ständig auf der Hut sein und oft Schäden ausbessern mußte.

*HOPI BEIM AUSBESSERN SEINER MOKASSINS. PUEBLO ORAIBI*

In den Hopi-Pueblos gab es keine Schuhmacher. Jeder fertigte sich seine Schuhe selbst oder ging barfuß. Auf unserem Bild ist der Indianer gerade damit beschäftigt, mit einer durch die Ahle gezogenen Sehne die zwar sprichwörtliche, aber doch unerläßliche Fußbekleidung der Hopi zu reparieren. (Die Hausfrau versucht, sich vor der Kamera zu verstecken, ohne unhöflich zu sein.) Die Hopi-Indianer sind außerordentlich geschickt im Nähen; sie hatten u. a. eine Art Kunststopfen entwickelt, bei dem die Stiche sorgfältig verborgen und tatsächlich unsichtbar angebracht wurden. Das gegerbte Leder wurde in einem warmen Braunton, rot oder schwarz eingefärbt, die Färbmittel aus dem Harz und den Rinden von Bäumen und aus Tonerde gewonnen.

*DIE HERSTELLUNG VON MOKASSINS. ORAIBI*

Der »Schuhmacher« fädelt gerade seine Ahle ein, während der Mann neben ihm das Leder weich macht. Auch heute noch ist ein Paar neuer Mokassins unerläßlicher Bestandteil des Brautschatzes. Für die Zeremonie des Schlangentanzes, die alle zwei Jahre stattfindet, brauchen die Schlangenpriester ein zweites Paar zur Reserve. Für Touristen werden sie sofort an Ort und Stelle angefertigt, manchmal mit Fransen und Schnüren verziert oder auch mit Silberknöpfen, die aus Münzen hergestellt werden.

*HOPI-JUNGEN*

Die kleinen Jungen wurden zum Schafehüten geschickt, wenn die Herde in der Nähe der Mesa auf die Weide getrieben wurde. (Auf dem Bild hält eines der Kinder einen Hirtenstab in der Hand.) Den Jungen wurde beigebracht, daß »Arbeit Leben bedeutet« und daß es »eine Schande ist, untätig zu sein«. Häuptling Sonne, ein Hopi, erzählt von seiner Kindheit in Oraibi, »wo die Luft der Mesa nach Fichten und Kiefern duftet«: »Wir gingen mit unseren Vätern auf die Felder und halfen beim Anpflanzen und Unkrautjäten. Die alten Männer nahmen uns auf Spaziergänge mit und lehrten uns, zu was die Pflanzen gut sind und wie man sie findet ... Wir bewachten die Felder, um Vögel und Nagetiere zu verjagen, pflückten Pfirsiche, die dann in der Sonne getrocknet wurden, und sammelten Melonen, die wir zur Mesa hinaufschleppten. Bei der Maisernte und um Brennholz zu sammeln oder beim Hüten der Schafe ritten wir auf Eseln«.[9]

*HOPI-MÄDCHEN MIT KLEINEN KINDERN*

Wenn sie acht oder zehn Jahre alt waren, wurden die Mädchen mit der Aufgabe betraut, sich um ihre jüngeren Geschwister zu kümmern, und es war durchaus kein ungewöhnlicher Anblick, wenn sie bei der Erledigung ihrer häuslichen Arbeiten ein Baby mit einem Tuch oder einer Decke auf ihren Rücken banden. Als Kinder spielten die Mädchen mit kleinen Mahlsteinen, um sich auf ihre Erwachsenenpflichten vorzubereiten. Schon sehr früh lernten sie, wie man Mais mahlt, und oft mußten sie Besuchern ihre Geschicklichkeit vorführen. Immer wieder wurde ihnen die Lebensweisheit der Hopi vorgesagt: »Mais ist das Herz der Hopi«. Maismehl war ein Hauptnahrungsmittel für die ganze Familie.

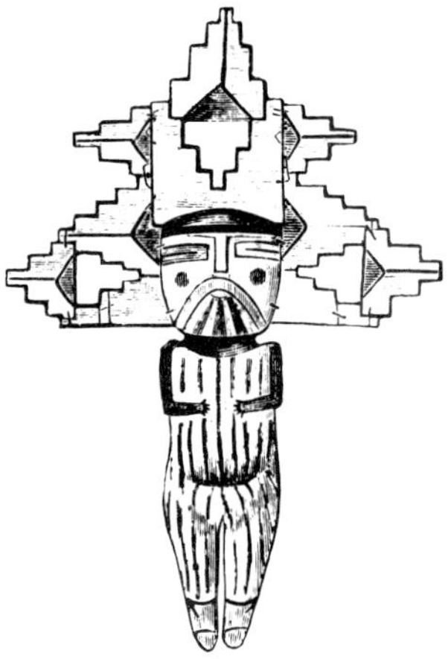

*Man hatte die Leute gewarnt, daß sie nicht versuchen sollten, zu photographieren, auch wenn dies bei dem hellen Licht des Mondes ohne weiteres möglich gewesen wäre. Zwei Busse voller Touristen nahmen an dem Ausflug teil; als sie bei dem Pueblo ankamen, packte die Hälfte der Leute ihre Kamera, sprang aus dem Bus und machte eine Aufnahme nach der anderen von den tanzenden Indianern. Lautlos strömten plötzlich aus allen Türen Indianer, alle mit Knüppeln bewaffnet. Die zwei Fahrer versuchten verzweifelt, die Leute, die sich überall verteilt hatten, einzukreisen, aber noch ehe sie sie zum Bus zurückbringen konnten, wurden alle Kameras zerschlagen. Zuerst rissen die Indianer die Kameras mit ihren Knüppeln zu Boden und trampelten dann darauf herum.*[10]

D. H. Thomas (Anläßlich des Glückstanzes
im Pueblo Santo Domingo, 1926)

*AUF DER FLUCHT VOR DER KAMERA. HOPI*

Viele Indianer weigerten sich, sich photographieren zu lassen. Sie glaubten, daß ein Porträt ihnen Unglück bringen, ihr Leben verkürzen und zu ihrem Tod führen würde. Sie waren auch der Überzeugung, daß man, wenn man sein Bild hergab, seine Kraft verlor. Und wenn das passierte, dann galt man als schutz- und wehrlos.

In neuerer Zeit ist in allen Hopi-Dörfern eine spezielle Erlaubnis zum Photographieren erforderlich, und Fremde werden von allen religiösen Zeremonien ausgeschlossen. Bei gesellschaftlichen oder weltlichen Tänzen, die sich wie eh und je großer Beliebtheit erfreuen, darf man jedoch zusehen.

*HOPI-FRAU MIT WASSERBEHÄLTERN UND LAST*

Anfangs bezeichneten die Indianer die Photographen als »Schattenfänger«, weil sie die erstaunliche Macht besaßen, unwiderruflich ihren unbeständigen Schatten einzufangen. Die Fähigkeit des Weißen Mannes, ihr Bild erstarren zu lassen, weckte bei den Indianern Ehrfurcht und Mißtrauen. Außerdem hielten sie es für gefährlich, die geheimnisvollen Mächte herauszufordern – und eine Manifestation dieser Macht war die Sonne. Mato-Kuwapi (»Der von Bären Gejagte«) erklärte: »... wenn wir den Wechsel von Tag und Nacht, die Sonne, den Mond und die Sterne am Himmel und den Wechsel der Jahreszeiten auf der Erde, das Reifen der Früchte beobachten, dann muß jeder merken, daß dies das Werk der Sonne ist, ohne die wir nicht leben könnten ...«[11]

*HOPI-MUTTER MIT KIND. MISHONGNOVI*

Vom Augenblick ihrer Geburt an spielen die Kinder eine zentrale Rolle im Leben der Hopi. Hopi wünschen sich möglichst viele Kinder. Vor allem den Mädchen kommt in der Hopi-Gesellschaft eine besondere Bedeutung zu, da sie das Weiterbestehen des Stammes garantieren. Die Kinder gehören jeweils zum Clan der Mutter, und die engen Bindungen bleiben von der Geburt bis zum Tod bestehen. Während der ersten zwanzig Tage nach der Geburt werden zwei vollkommen geformte Maiskolben in die Wiege neben den Säugling gelegt. Einer symbolisiert die Mutter, der andere das Kind. Man nennt sie die »Mutter-Maiskolben« und sie gelten als heilig.[12]

*INDIANERIN BEIM TÖPFERN. PUEBLO MOKI, ARIZONA*

Diese Hopi-Frau töpfert in der sogenannten »Schlingtechnik«. Mit ihren Händen formt sie ebenmäßige »Stricke« aus Ton, die sie dann zu der gewünschten Form aufeinanderlegt. Die Arbeit an einem Gefäß beginnt auf einer konkaven Scheibe, genannt *tabipi*, die sie in ihrem Schoß hält, und deren gewölbter Rand sich leicht drehen läßt. Die *tabipi* erfüllt die Funktion einer Töpferscheibe. Entsprechend einem Hopi-Aberglauben darf, wenn die Zeit zum Brennen des Tons gekommen ist, niemand auch nur einen Laut von sich geben, weil der Geist, der in dem Gefäß wohnt, es sonst zerbrechen läßt.[13]

*HOPI BEIM WEBEN EINER DECKE. ORAIBI*

Anders als bei den Navaho ist das Weben bei den Hopi ausschließlich Sache der Männer. Früher webten sie die Kleider für das ganze Dorf. Die Hopi-Männer betätigen sich auch als Bauern und Hirten und sie kümmern sich um die religiösen Angelegenheiten der Gemeinschaft. In der Kiva (dem heiligen Raum) kardätschen und spinnen sie die Wolle und weben Dekken, Röcke, Gürtel und schwere schwarze *mantas* (die Kleider für die Frauen). »Während sie spinnen«, schrieb der Hopi »Krähenschwinge« 1920 in sein Tagebuch, »erzählt einer der Männer die *teöwichi* [Sagen oder mythologische Legenden]. Alle müssen ihm zuhören. Wenn er aufhört, beginnt ein anderer zu erzählen, und so geht es weiter bis zum Nachmittag, wenn die Frauen das Essen bringen ... Sie fangen wieder an, und dann wird der alte Mann den Männern erzählen, wie der Stamm auf die Mesa gekommen ist, und daß sie sich an die Sitten und Gebräuche der Hopi halten müssen.«[14]

*HOPI-FRAUEN BEIM FLECHTEN VON KÖRBEN VOR HOPI-HOUSE. GRAND CANYON*

Hopi-House steht am Rande des Grand Canyon, direkt gegenuber dem Luxushotel El Tovar. Es wurde am 1. Januar 1905 eröffnet und »symbolisierte die Verbindung von Kommerz und Folklore, die so kennzeichnend war für die Gebäude, die Fred Harvey errichten ließ.«[15] Hopi-House war die Nachbildung eines Teils des Hopi-Dorfes Oraibi. Navaho, Hopi und Zuni flochten dort Körbe und webten Decken, fertigten Schmuck, Töpferwaren und kunstgewerbliche Schnitzereien und spannen Wolle. Die geflochtenen Schalen und Körbe auf diesem Bild wurden von Hopi Frauen der zweiten Mesa angefertigt. Ihr ausgeprägter Sinn für Farben zeigt sich deutlich in den stilisierten Darstellungen von Tieren, *kachinas* und Feldfrüchten, die in die Körbe eingeflochten werden. Die Gegenstände, die in Hopi-House hergestellt wurden, waren ausnahmslos zum Verkauf bestimmt, und »um fünf Uhr im Patio« sangen und tanzten Indianergruppen für die Touristen.

*DIE CHILI-LADY. HOPI*

In ihren Flechtarbeiten erzählen die Indianer viel über ihr Land, ihre Geschichte und ihre Lebensgewohnheiten. Körbe gehörten zu jedem Haushalt; in ihnen wurden Spreu, getrockneter Mais, Kleinholz und wildwachsende Früchte aufbewahrt. Gewebte Beutel wurden als Preise vergeben, verschenkt oder dienten als Zahlungsmittel.
Diese Hopi-Frau hält einen Korb aus Weidengerten auf ihrem Schoß, der charakteristisch für den Stil der dritten Mesa ist. Hinter ihr sind die farbenprächtigen *ristratas* aus getrockneten Chilischoten zu sehen.
Die Photographie wurde durch Tausende von Postkarten berühmt, die W.H. Jackson in seiner Detroit Publishing Company drucken ließ. Einen Großteil der über zwei Millionen Postkarten, die von dieser Firma pro Jahr gedruckt wurden, kaufte die Santa-Fé-Eisenbahngesellschaft für ihre Werbekampagnen im Südwesten auf.

*HOPI-MÄDCHEN BEIM SCHROTEN*

Schrottröge zum Mahlen von Maismehl gehörten ebenfalls in jeden Haushalt. Sie werden als »drei flache Tafeln aus Sandstein« beschrieben, »etwa 45 Zentimeter im Quadrat, die nebeneinander in einem für den Mahlenden günstigen Winkel befestigt waren«.[16] Etwa ab ihrem achten Lebensjahr knieten die jungen Mädchen an den Schrotttrögen und zerstießen die Maiskörner mit ihren *manos* (längliche, handgerechte Steine), bis die Körner zu feinem Mehl zermahlen waren. Die Tröge und auch die *manos* waren ziemlich roh behauen. Mit dem Mahlstein rieb man auf den Steintafeln auf und ab, ungefähr wie bei einem Waschbrett. Beim Arbeiten erzählten sich die Mädchen, ihre schwitzenden Gesichter von Mehlstaub bedeckt, die neuesten Klatschgeschichten und sangen Mahllieder, die vom »guten Gedeihen des Maises« und vom »Regen, [der] kommt« handelten.[17]

*Es ist die Kraft des Glaubens, durch die sich die ursprüngliche Kunst vom zeitgenössischen Kunsthandwerk der Eingeborenen unterscheidet.*[18]

Froelich Rainey (Archäologe)

*EIN FEIND! PUEBLO-TÖPFERIN BEIM KNETEN VON TON*

Die Herstellung von Töpferwaren war während der letzten zweihundert Jahre eine wichtige Tätigkeit bei den Indianern im Südwesten. Für eine ganze Reihe von Pueblos, die jeweils einen eigenen, sehr differenzierten Stil entwickelten, war dies ein lebensnotwendiges Handwerk. Die Töpferscheibe kennt man hier nicht, alle Tonwaren werden auch heute noch in der Schlingtechnik hergestellt. Früher wurden Gegenstände aus Ton hauptsächlich für den Haushalt gefertigt. Zu Beginn unseres Jahrhunderts erhielten sie eine ganz andere Funktion, als die Nachfrage der Touristen nach Pueblo-Keramik so groß wurde, daß man mit dem Herstellen kaum nachkam. Die Töpfer in den Pueblos, schreibt Ruth Bunzel, verlassen sich lediglich auf ihren Tastsinn und ein instinktives Gefühl für Proportionen. »Keine einzige Frau in irgendeinem der Pueblos konnte mir Regeln für die Proportionen sagen«, berichtete sie 1924. »... Die einzigen, sehr allgemeinen Prinzipien, die ich herausbekommen konnte, waren: ›Es muß rundherum ganz ebenmäßig sein, und die eine Seite darf nicht größer sein als die andere ...‹.« Es handelte sich eher um eine gefühlsmäßige Arbeitsweise als um eine, die bestimmte Maßverhältnisse beachtet, und »wir müssen daher der Töpferin glauben«, fährt sie fort, »wenn sie sagt: ›Ich habe alle Muster in meinem Kopf und bringe sie nie durcheinander.‹«[19]

(Es ist anzunehmen, daß der Titel des Bildes ironisch gemeint war.)

*HOPI BEIM FRISIEREN*

Diese drei Bilder machen deutlich, wie schwierig es war, die althergebrachte Haartracht der Hopi-Mädchen richtig hinzukriegen. Die Haare werden auf beiden Seiten des Kopfes zu zwei dicken Strähnen gedreht und dann so befestigt, wie es für unverheiratete Frauen vorgeschrieben ist. Der Knoten ist ein Symbol für die Kürbisblüte, was bei den Hopi Unberührtheit und »die Kraft der Befruchtung« bedeutet. Diese Haartracht geht auf einen sehr alten Brauch zurück. Der Anthropologe Jesse Walter Fewkes ist der Ansicht, daß bereits frühe spanische Eroberer Hinweise in alten Bilddiagrammen fanden.

a) Der erste Schritt der Prozedur ist, die Haare um einen U-förmigen Stab, in der Hopi-Sprache gñela genannt, zu wickeln. Dann werden sie mit einem Öl aus Kürbissamen eingefettet, damit sie steif werden, »so daß eine Art Rahmen entsteht, der wie ein altmodischer Kopfputz aussieht«.[20] Nach einer bestimmten Zeit werden die gñelas herausgezogen und die zwei großen Haarknoten direkt über den Ohren mit kräftigen Bindfäden befestigt. Die erstaunlich großen, schwarzglänzenden Knoten nennt man im allgemeinen »Räder«.

b) Fewkes stellte fest, daß »... bei einigen Statuetten, die in Zusammenhang mit modernen Hopi-Altären verwendet werden, solche Knoten durch kleine Räder dargestellt werden; sie bestehen aus Stäbchen, die von einem gemeinsamen Mittelpunkt ausgehen und mit wollenem Garn zusammengehalten werden.« Fewkes wies auf eine verblüffende Parallele hin, als er feststellte, daß »die spanischen Landfrauen in der Nähe von Salamanca ihr Haar an beiden Seiten der Stirn zu zwei flachen Schlingknoten aufstecken, eine Sitte, auf die [die Spanier] vielleicht anspielten, als [sie] die in den Pueblos typischen Frisuren mit ›altmodischem Kopfputz‹ verglichen.«[21]

*HOPI-MÄDCHEN, DAS AUS DEM FENSTER SCHAUT*

*KLEINES INDIANERMÄDCHEN AUF EINER LEITER. HOPI*

*VERHEIRATETE UND UNVERHEIRATETE HOPI-FRAU*

Die Haartracht definierte bei den Hopi die soziale Rolle und hatte jeweils eine bestimmte Bedeutung. Der Unterschied zwischen der Frisur einer verheirateten und der einer unverheirateten Frau ist ein anschauliches Beispiel. Bei der Verlobung löste das Mädchen die kunstvollen Knoten und trug ab jetzt ihr Haar so, wie es einer verheirateten Frau zukam: auf die Schultern fallend, in der Mitte gescheitelt und zu zwei Tollen geschlungen, die mit dunklen Baumwollfäden umwickelt wurden.

*HOCHZEITSKLEID DER HOPI*

Diese Hopi-Braut trägt die Hochzeitskleidung: ein Kleid aus weißer Baumwolle, das von den Männern der Familie des Bräutigams gewebt wurde, und Mokassins und Gamaschen aus weißem Hirschleder. Sie hat außerdem einen »Koffer«, in dem sich ein zweites, kürzeres (ebenfalls weißes) Kleid und ein kunstvoll gewebter Gürtel befinden. In diesem Kleid wird die Braut einmal beerdigt werden; es wird daher sorgfältig bis zu ihrem Tod aufbewahrt. Beides, Kleid und Gürtel, dienen als »Flügel, um zu ihren Lieben im Hause der Toten zu eilen ... der wunderschöne Gürtel ... als Schweif eines Vogels, der die Braut auf dem Flug ihrer Seele leitet«.[22]

*ERNTETANZ DER HOPI*

»Wenn der Mais wächst,
wächst ihre Kraft ...«[23]

Im Leben der Hopi sind die religiösen Zeremonien fast genauso wichtig wie die Arbeit. In einer Umgebung, in der einem das Überleben nicht gerade leicht gemacht wird, hängen Wohlergehen und Wohlstand von Gnade und Geneigtheit der Götter ab. Der Erntetanz ist ein großer und sehr beliebter Festzug der ganzen Gemeinschaft; durch ihn soll eine ertragreiche und gute Ernte beschworen werden. Er ist zugleich eine Art Erntedankfest für die Früchte, die Mutter Erde geschenkt hat. Der farbenprächtige Tanz war ein Lieblingsmotiv der Photographen und wurde auf Tausenden von Postkarten verewigt, die die Detroit Publishing Company druckte.

# Die Kachinas

*Wenn es Sommer war, kamen Kachinas mit ausladendem Kopfschmuck und wunderschönen Kleidern auf die Plaza und begannen zu tanzen ... Meistens machten die Kachinas uns Geschenke. Wenn die Sonne sich neigte ..., bat sie ein alter Mann, der der Vater der Kachinas genannt wurde ..., nach Hause zu gehen und uns Regen zu schicken. Sie zogen dann in Richtung der San-Francisco-Berge im Westen. Alle wußten wir, daß es die Geister von Göttern waren.*[22]

Die *Kachina*-Tänze sind großartige Präsentationen farbenprächtiger Kostüme und in allen Pueblos sehr beliebt. Man glaubt fest daran, daß die Kachina-Tänzer Verkörperungen übernatürlicher Wesen und mythischer Gestalten sind: wie Tiere, Vögel oder auch Vorfahren. Die Tänze haben sowohl eine soziale als auch eine religiöse Funktion und werden mit oder auch ohne Masken aufgeführt. Sie repräsentieren die übernatürliche Welt der Pueblo-Indianer und dienen gleichzeitig der Unterweisung der Heranwachsenden. Emory Sekaquaptewa, ein Hopi, der an dieser Zeremonie teilnimmt, schreibt über den spirituellen Charakter dieses Erlebnisses: »Bei einem Kachina-Tanz wird die Maske nicht nur aus äthetischen Gründen getragen. Ich fühle, daß etwas mit dem Mann geschieht, der an einem solchen Tanz teilnimmt, vorausgesetzt, er versteht das Wesen des Kachina: Sobald er die Maske aufsetzt, verliert er seine Identität und wird tatsächlich zu dem, was er repräsentiert ... Die geistige und seelische Erfüllung eines Mannes hängt davon ab, in welchem Maße er in der Lage ist, sich selbst in die Welt der Geister zu versetzen, während er tanzt. In Wirklichkeit tanzt er nicht für die anderen, die Zuschauer. Vielmehr werden die Zuschauer sein eigenes Ich. Er versucht, sich selbst seiner Vorstellung von den geistigen Idealen, die der Kachina für ihn darstellt, bewußt zu machen. Und das gelingt ihm, wenn er hinter der Maske verborgen ist, weil er dadurch seine eigene Identität verloren hat ... Aber das Eigentliche der Kachina-Zeremonie hat für mich als Mittänzer etwas mit der Fähigkeit zu tun, sich selber in eine Phantasiewelt zu versetzen, in die Welt der Ideen und Bilder, auf der diese besondere Repräsentation beruht.«[23]

Ein Kachina-Tanz wird in der beschwörenden Hoffnung aufgeführt, daß er Regen bringen und zum Wohlergehen des Stammes beitragen möge. In seiner Autobiographie schreibt der Hopi-Häuptling Sonne: »Ein solcher Tanz kann auch von einer Einzelperson bestellt werden, die einen besonderen Segen erflehen will, beispielsweise die Genesung von einer Krankheit, oder um das Wohlergehen des ganzen Dorfes zu beschwören.«[24]

Die kleinen Kinder lernen die Kachina-Symbole anhand von Puppen kennen. Es existieren mehr als 250 verschiedene Formen. Die auf den folgenden Seiten abgebildeten Puppen wurden wahrscheinlich für Touristen angefertigt. Sie waren sehr gefragt und erfreuen sich auch heute noch großer Beliebtheit.

*KACHINA-PUPPEN DER HOPI*

Links ein »Großer Kopf«-Kachina von der dritten Mesa. Auf der einen Seite ist eine Datura-(Stechapfel-)Blüte befestigt, auf der anderen senkrecht stehende Federn; außerdem trägt er grüne Mokassins, und der Rumpf ist mit schwarzer, gelber und roter Farbe bemalt. Er bringt milden Regen ohne Donner. In der Mitte: Diese Figur aus Holz hat Ähnlichkeit mit dem *Hemis*-(Heimtanz-)Kachina, der eine kunstvolle, mit phallischen und Wolkensymbolen bemalte *tablita* (Kopfschmuck) trägt. *Hemis,* das Fest der Heimkehr, ist vor allem für die Kinder ein Freudentag, denn dann bringen die Kachinas Unmengen von Pfirsichen, Melonen, Mais, Bohnen und andere Geschenke – einschließlich neuer Kachina-Puppen. Bei dieser Gelegenheit zeigen sich auch die heiratsfähigen jungen Mädchen, und die Männer »brechen Fichtenzweige aus den Kostümen der Kachinas, stecken sie auf ihre Felder und beten dabei um eine gute Ernste ...«[27] Rechts ein senfgrüner Kachina mit den charakteristischen roten Ohren und der schwarzen Kriegsbemalung auf den Wangen.[28]

*KACHINA-PUPPEN DER HOPI*

Links der *Heheya*-Kachina: Typisch sind der grüne Kopfschutz bzw. Helm, die Wolkensymbole auf den Wangen und die Zickzacklinien im Gesicht, die Blitze symbolisieren. Mitte: Diese geschnitzte Figur in auffallend aggressiver Haltung repräsentiert offensichtlich einen Clown; kennzeichnend ist, daß die Figur keinen Kopfschmuck trägt und unbekleidet ist, daß der Corpus mit horizontalen Streifen bemalt ist und die Figur ein weißes Gesicht hat. Aufgabe des Clowns ist es, zwischen den einzelnen Tänzen und während die Kachinas sich ausruhen die Zuschauer zu unterhalten und zum Lachen zu bringen; oft spielt er die Rolle des Spötters und Possenreißers, sehr zum Vergnügen des Publikums. Die Clowns üben auch in gewisser Weise eine soziale Kontrolle aus. Sie sind eine Art Lehrer. Ihre Possen sind spielerische Anweisungen für das richtige Sozialverhalten. Außerdem »lösen sie alles auf, die ganze Schöpfung, von der wir ein Teil sind, so daß diese ihre Bindungen überwinden und Regen bringen kann«.[29] Rechts eine Mischung aus *Shalako*- und Schmetterlings-Kachina. Bei der Herstellung von Kachina-Puppen für die Touristen war es durchaus üblich, charakteristische Züge mehrerer Kachinas miteinander zu verbinden. In diesem Fall sind die weiße Gesichtsmaske, die Wolkensymbole und das mit kräftigen Farben bemalte Kinn des Shalako-Kachina mit dem rot bemalten Körper des Schmetterlings-Kachina kombiniert.

*Würden wir die Fäden der Religion aus Kette und Schuß des Lebensgewebes der Hopi herausziehen, würde bestimmt nicht mehr viel übrigbleiben.*[30]

Walter Hough (Ethnologe, 1915)

*Zeremonien sind das Band, das die Vielfältigkeiten zusammenhält; und wenn man dieser Band löst, verwirren sich die Vielfältigkeiten.*[31]

Buch der Riten (Li ki)

# Der Schlangentanz der Hopi

Der Schlangentanz reichte mit seinem unergründlichen Geheimnis bis in die Himmelsgewölbe. Er war ein theatralisches Gebet an die Himmel, segensreich auf die trockene, rissige Erde der Wüste hinabzuweinen. Das alle zwei Jahre abgehaltene Ritual war ein Ordnungselement in der Welt der Hopi. Es war eine Möglichkeit, ein ansonsten unverständliches Universum zu kontrollieren, ihm Sinn und Bedeutung zu verleihen. Es erklärte die Phänomene der Natur und half dem Hopi, Unverständliches zu verstehen. Es richtete sich an eine über dem Menschen stehende Macht.

Der Schlangentanz zog in den Jahren um 1890 die Aufmerksamkeit der Touristen auf sich. A. C. Vromans, der bekannte Photograph des Südwestens, berichtete von 1895 bis 1902 über diese Zeremonie in den Hopi-Dörfern Walpi, Oraibi und Mishongnovi. Vromans hielt seine Eindrücke in ausführlichen Notizen fest. Er beobachtete die Zeremonie erstmals in Walpi und schrieb in sein Tagebuch: »Wir trafen etwa vierzig Weiße, die alle den Tanz sehen wollten. Ich war kein bißchen erstaunt, daß sie alle bekannte Künstler waren. Schriftsteller, Bildhauer, Reporter von einem halben Dutzend Zeitungen und etwas mehr als ein Dutzend Frauen.«[32] Einige Jahre später, 1912, wurde auch Theodore Roosevelt Zeuge des Tanzes in Walpi. Auch er berichtete über die Zuschauer. Von diesem Erlebnis erzahlt er, daß er »rein zufällig keinem Mormonen begegnet [ist]. Ansonsten waren anscheinend alle Arten von Amerikanern vertreten – Touristen, Kaufleute, Viehzüchter, Bauern, Staatsbeamte, Politiker, Cowboys, Wissenschaftler, Philanthropen, alle möglichen Männer und Frauen.«[33] Zwei Jahre später schrieb der Anthropologe Walter Hough, es sei es »wirklich wert gewesen, die Reise zu wagen, um ... eines der eindrucksvollsten Schauspiele zu sehen, die es auf diesem Kontinent gibt«[34]. Bei vielen Betrachtern löste der Schlangentanz allerdings zwiespältige Reaktionen aus. Ein bekannter Professor beschreibt in einem Bericht über den »widerwärtigen Schlangentanz« sein, wenn auch fasziniertes Befremden angesichts der »sich windenden Reptilien« und der »unheimlichen Gesänge«[35]. Seit den zwanziger Jahren wurde der Schlangentanz als eine der Hauptattraktionen der Indianer im Südwesten angepriesen. Die Santa-Fé-Eisenbahn rühmte ihn als ein »bizarres Schauspiel« und das »unheimlichste und eindrucksvollste Eingeborenen-Ritual auf dem ganzen amerikanischen Kontinent«[36] 1927 bot die Santa Fé dem »anspruchsvollen Reisenden« Sonderfahrten im Automobil zu diesem Ereignis (zum Inklusivpreis) an. Das Schauspiel des kosmischen Universums wurde zu einer Touristenattraktion. Es versprach Aufregung, ja sogar Entsetzen und Furcht.

Der Schlangentanz war für die Touristen etwas völlig Neues. Man überschritt die Schwelle zum absolut Unbekannten – eine Attraktion, die ihre Wirkung nie verfehlte. Die Touristen kamen zu Tausenden, zumeist mit den aberwitzigsten Vorstellungen. Nach der Beschwörung zu Beginn der Zeremonie wurden schließlich die »Dinge, die da kommen werden« und die unsichtbaren Mächte angerufen. Dieses Erlebnis war wie ein Stillstehen der Zeit: »Sobald man eingetreten war ..., änderte sich das Maß aller Dinge ... Das Kleine, die Begrenztheit existierten nicht mehr ... Eine primitive Welt, in der Gegenstände, die klein sind, plötzlich zu riesigen, gigantischen Schatten anschwellen ...«[37]

In neuerer Zeit haben einige Dorfgemeinschaften alle Weißen und auch alle betrunkenen Indianer vom Schlangentanz ausgeschlossen, eine logische Konsequenz der Jahrmarktatmosphäre, die durch ein Publikum geschaffen worden war, das nur auf die Sensation aus war.

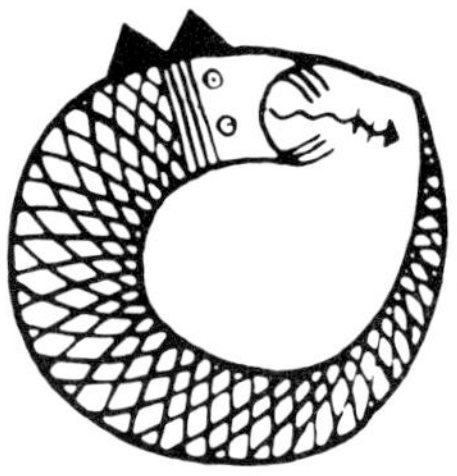

*Doch es bleiben die furchterregenden Abgründe, von denen wir nicht die leiseste Ahnung haben.*[38]

D. H. Lawrence

*SUPELA, HOPI-SCHLANGENPRIESTER. PUEBLO WALPI*

Supela, der Schlangenpriester, ist hier nur teilweise kostümiert; sein Körper ist noch nicht bemalt. Er trägt den Schlangenrock aus braunem Leder mit dem Symbol der Schlange; um seine Taille ist ein weißer Gurt oder Gürtel aus Wildleder mit langen Fransen geschlungen; die unterhalb der Knie um seine Beine geschlungenen Lappen aus Hirschleder, und die Bänder um die Arme wurden entweder aus der Rinde oder dem Holz des Wacholderstrauchs gefertigt. Der Ethnologe Walter Hough schrieb über Supela: »... anscheinend kann in Walpi keine Zeremonie ohne seine Hilfe stattfinden, und sogar in weiter entfernte Städte läßt man ihn oft kommen, damit er bei komplizierten Riten im Verlauf der religiösen Feiern assistiert ... [Supela] ist so etwas Ähnliches wie ein Veranstaltungsleiter oder Regionalpolitiker, und er kommt an einem Tag weiter herum als die meisten anderen in einer ganzen Woche.«[39]

*DIE SCHLANGEN-KIVA. HOPI*

Auf der Leiter wurde ein Warnschild angebracht, nicht in die Nähe der Kiva zu kommen, da gerade die Vorbereitungen zur Zeremonie stattfinden. Über dem Schild ist der übliche Bogen, geschmückt mit heiligen Gebetsfedern, angebracht – als Schutz vor allen widrigen Einflüssen, die in die Kiva eindringen könnten; außerdem mahnt er zu Ruhe und Ehrfurcht. Rechts unten lehnen Grabstöcke und Haken, die man von den Feldern mitgebracht hat, um die Schlangen für die Zeremonie zu fangen. An vier aufeinanderfolgenden Tagen verlassen die Priester die Kiva, um Schlangen einzusammeln. Sie sind mit Schlangenpeitschen aus Adlerfedern ausgerüstet, mit Beuteln voll Mais, den sie an den heiligen Schreinen, an denen sie vorbeikommen, opfern, und mit Säcken aus Büffelleder, in denen sie die Schlangen verstauen. Alle möglichen Schlangen werden eingefangen, auch Ochsenschlangen, Bandnattern und Klapperschlangen. Wenn sie die ersten vier Schlangen gefunden haben, werden Gebetsfedern geopfert. Dabei sprechen sie die Schlangen folgendermaßen an: »Mein Sohn und auch mein Vater ... Möge bald Regen kommen, sei nicht erzürnt, beiße nicht. Ich bin dankbar, daß ich dich gefunden habe.«[40] Nach dem Gebet werden Opfer dargebracht und die Schlangen mit geweihtem Maismehl bestäubt.

*DAS BETRETEN DER KIVA*

Zwei Schlangenpriester mit Federbüscheln, aus denen sie die *pahos* (gefiederte Gebetsstäbchen) anfertigen, betreten die Kiva. Während der acht Tage vor dem Schlangentanz werden in der Kiva verschiedene kultische Handlungen vollzogen; dazu gehören Gebete, das rituelle Rauchen, das Singen religiöser Lieder und das Ausbessern der Mokassins, Schlangenröcke und andere Utensilien für die Zeremonie. Die Männer errichten den Altar und legen ein Sandgemälde an. In dieser Zeit werden auch aus Adlerfedern die vielen Schlangenpeitschen angefertigt, die für die Zeremonie benötigt werden.

*ZWEI HOPI-WETTLÄUFER*

Zur Vorbereitung zum Schlangentanz wird am achten Tag noch vor Sonnenaufgang ein Wettrennen veranstaltet. Dieser Wettlauf ist eine einmalige Demonstration von Schnelligkeit und Ausdauer. Der Sieger erhält einen symbolischen Krug mit Wasser, das er auf seine Felder gießt, und *pahos,* die er neben die Maispflanzen in den Boden steckt, um eine gute Ernte zu beschwören. Theodore Roosevelt, der 1913 den Schlangentanz miterlebte, schrieb später: »Noch vor der Morgendämmerung hörten wir die Stimme des Ausrufers, der die Männer aufforderte, sich für den Wettlauf bereit zu machen ... wir standen auf und gingen zur Spitze der Mesa ... und beobachteten die Frauen und Kinder, die sich für den Festtag herausgeputzt hatten ... um die Wettläufer zu empfangen ... Viele [der Frauen] hatten ihre weißen Hochzeitskleider an ... Die zurückkehrenden Läufer rannten mit einer unglaublichen Geschwindigkeit den steilen Pfad zur Mesa hinauf, obwohl die Rennstrecke fast sechs Meilen lang gewesen war ... Das wäre ein Spaß, wenn der Sieger, der überhaupt nicht erschöpft schien, an einem unserer Marathonläufe teilnehmen würde!«[41]

*SCHLANGENPRIESTER MIT GEBETSSTÄBCHEN UND BEUTELN VOLL MAIS VERLASSEN DIE KIVA*

Am neunten Tag kommen die Schlangenpriester vor Sonnenaufgang aus der Kiva, begeben sich zur Plaza und steigen von dort aus den steilen Pfad zum Startpunkt des zweiten Wettrennens der Schlangengesellschaft hinauf. Entlang der Rennstrecke und am Startpunkt werden Pahos niedergelegt und an bestimmten Stellen der Route geweihtes Maismehl verstreut. Einige der Schlangenpriester betätigen sogenannte Ochsenklappern, um das Geräusch des Donners nachzuahmen, andere schwingen hölzerne »Blitzstäbchen« hin und her. In beiden Fällen repräsentieren die Priester Sotukinangwu'u, den wichtigsten Himmelsgott der Hopi.[42]

*Am Anfang steht die Reinigung ... das ist ein wichtiger Schritt und eine ernste Angelegenheit. Für alles gibt es die richtige Art und Weise, es zu tun, und so gibt es auch eine richtige Art der Reinigung. Das ist etwas ganz Natürliches ... Nichts Künstliches. Reinigung bedeutet Reinigung des Körpers und des Geistes. Man kann nicht den Körper reinigen, ohne auch die Seele zu reinigen: So geht das. ... Wir fangen also an, indem wir auf unsere Worte achten und nur in guter Absicht sprechen.*[43]

Rollender Donner (Medizinmann)

*SCHLANGENPRIESTER. ORAIBI*

Am späteren Nachmittag des achten Tages verlassen alle Priester die Kiva, um eine rituelle Waschung vorzunehmen. Sie waschen ihre Köpfe in einem schäumenden Sud aus Yucca-Wurzeln, um ihren Körper und ihren Geist zu reinigen – eine Vorwegnahme des zeremoniellen Schlangenwaschens am nächsten Tag. Die ganze Zeremonie des Schlangentanzes, die vom Antilopen- und vom Schlangenclan durchgeführt wird, ist ein Beispiel für die Identifikation der Hopi mit verschiedenen Tieren.[44]

*Wir wußten, daß Schlangen die Geister von Göttern waren, die Regen bringen und nie jemandem etwas zuleide tun, der ein gutes Herz hat. Man hat uns gelehrt, daß wir uns nie so dumm verhalten und schreien oder kreischen sollen, wie die Weißen das tun, wenn sie eine Schlange sehen. Wenn Schlangen damit zufrieden waren, wie man mit ihnen umging, dann blieben sie ruhig und brachten zur Belohnung Regen.*[45]

Häuptling Sonne (Hopi)

*Die Schlangen versuchten natürlich zu entkommen, aber sie werden mit Peitschen zurückgescheucht ... Aber trotz alledem versuchen sie verzweifelt zu entwischen, und zwar nicht nur die Vipern, die sich flink auf und ab winden, sondern auch die Ottern und die Klapperschlangen. Sie kriechen um und zwischen die nackten Beine der Männer, auf ihre Arme usw., so daß man sie oft mit der Hand packen und zurücklegen muß. Je mehr Schlangen es werden, desto schwieriger wird es, sie auf dem kleinen Platz unter Kontrolle zu halten, der für sie gedacht ist, und eine Zeitlang sind die Männer sehr beschäftigt. Wenn die Schlangen merken, daß alle ihre Versuche zu entwischen aussichtslos sind, schmiegen sie sich in den beiden Ecken aneinander. Es ist einfach erschreckend, mit welcher Unbekümmertheit diese Männer mit den Reptilien umgehen.*[46]

H. R. Voth (Missionar und Ethnologe)

*DAS WASCHEN DER SCHLANGEN IN DER SCHLANGEN-KIVA*

Am Morgen des neunten Tages findet das rituelle Waschen der Schlangen statt – eines der »unheimlichsten und einzigartigsten Rituale im Verlauf der gesamten Zeremonie«. Bei dieser feierlichen Handlung werden die Schlangen einzeln in einen großen Bottich getaucht, der mit einem Sud aus Yucca-Wurzeln gefüllt ist. Danach werden sie auf den sandigen Boden der Kiva gelegt, um zu trocknen. Theodore Roosevelt berichtete anläßlich des Schlangentanzes 1913 in Walpi, daß »achtzig oder hundert Schlangen ... aus einer Entfernung von etwa vier Metern auf den Boden geschleudert wurden ... Diese plötzliche Gewalt ... hätte die Schlangen eigentlich verschrecken müssen. Aber das war nicht der Fall ... die Schlangen ... lösten sich voneinander und krochen schnell in alle Richtungen davon. Nur eine war mit dieser Behandlung wohl nicht ganz einverstanden, aber sie brachte das nicht sehr deutlich zum Ausdruck.«[47] Auch Voth äußerte seine Überraschung: »Wie ist es möglich, daß nicht eine der Schlangen, die immer und immer wieder gepackt werden, und zwar ziemlich unsanft, sich wehrt, wenn vierzig bis fünfzig auf so engem Raum zusammengepfercht sind?«[48]

*ANTILOPENPRIESTER BETRETEN DIE PLAZA*

Am späten Nachmittag des neunten Tages kommen die Antilopenpriester auf die Plaza und umrunden sie viermal; dabei schütteln sie ihre Rasseln und bewegen sich im Rhythmus des ächzenden Geräusches der Ochsenklappern. Auf dem Bild sind die vielen recht unterschiedlichen Zuschauer – einschließlich Photographen – zu sehen. Mit dem immer größer werdenden Publikum nahm auch die Gefahr zu, daß die Dächer und Wände der Häuser unter der Last zusammenbrachen. Der große Zustrom von Neugierigen war auch insofern problematisch, als sie den religiösen Charakter des Rituals beeinträchtigten. »... Wenn sie von so vielen Fremden angestarrt wurden«, schrieb der Ethnologe Jesse Walter Fewkes 1901, »wurden einige der Schlangenmänner nervös und behandelten die Reptilien nicht mehr so unbekümmert, wie dies für die früheren Vorstellungen charakteristisch gewesen war.«[49]

*SCHLANGENPRIESTER UMRUNDEN DIE PLAZA*

Die Ankunft der Schlangenpriester bedeutet einen Höhepunkt an Spannung. Sie betreten die Plaza und umrunden sie in einer Art »Hüpftrab«; sie sind mit Fuchspelzen und Lederröcken bekleidet, auf die ein Schlangenmuster gestickt ist, und in der rechten Hand schwingen sie Schlangenpeitschen aus Adlerfedern. Die »lange Reihe der Schlangenmänner ahmt mit ihrem Tanz [das] Sichwinden [einer] Schlange nach«, schrieb Alexander M. Stephen in seinem *Hopi Journal*. Die »Reihe schwankt hin und her, und die Männer singen leise ... ein langsames Seufzen, das wie ein Trauergesang klingt«. Die ganze Zeit über geben die Antilopenpriester mit ihren Rasseln den Rhythmus an. Auf diesem Bild nehmen die Schlangentänzer gerade ihren Platz gegenüber den Antilopenpriestern ein, die vor der *kisi* stehen, einer Hütte aus belaubten Pappelzweigen, in der die Schlangen eingesperrt sind.

*Ein unerbittliches Gesetz befiehlt uns zu tanzen.*[50]
Sprichwort der Kwakiutl-Indianer

*Wir glauben unsere Religion nicht, wir tanzen sie.*[51]
Amerikanischer Eingeborener

*Es gibt Orte, die der Geschichte unerreichbar bleiben.*[52]
Norman Mailer

# Der Film über den Schlangentanz der Hopi

Die folgende Filmsequenz vom Schlangentanz der Hopi wurde 1912 von William E. Kopplin, einem Werbemanager der Santa-Fé-Eisenbahn, der zugleich Photograph war, im Pueblo von Walpi aufgenommen. Wenige Meter Film – ein sehr flüchtiger Blick in eine tatsächlich gewesene Realität. Es gibt nur ein Dutzend Filme, die zeigen, wie die Zeremonie um die Jahrhundertwende ablief. Die Santa Fé setzte den Schlangentanzfilm als Werbe- und Lehrmittel ein. Beauftragte der Gesellschaft wurden durch das ganze Land geschickt, um den Film in Kirchengemeinden oder Schulen und vor Touristen in den Vortragssälen der Santa-Fé-/Fred-Harvey-Hotels zu zeigen. Diese Vorführungen hatten die Wirkung, daß man sich plötzlich in eine andere, exotische Kultur versetzt sah, und sollten zum Reisen mit der Santa Fé animieren.

Beim Filmen der Indianer im Südwesten mußten die Kameraleute Enttäuschungen und Entbehrungen auf sich nehmen. Schon die Umgebung stellte eine Herausforderung dar: Die ungewohnte Hitze war mörderisch und auf den öden Hochebenen waren Ausrüstung und Verpflegung plötzlichen Stürmen und Überschwemmungen ausgesetzt, die oft die mühsame Arbeit von Stunden zunichte machten. Außerdem drohte ständig ein Chaos, da alle um die besten Plätze zum Filmen kämpften. Man erzählt sich Geschichten von üblen Raufereien, die damit endeten, daß Stative umgeworfen und ganze Kameraausrüstungen zerstört wurden. Die Kameraleute sahen sich auch mit großen technischen Probleme konfrontiert. Die geringe Empfindlichkeit der Filme erforderte ein stärkeres Licht, als nachmittags, zum Zeitpunkt des Schlangentanzes, vorhanden war. Abgesehen davon, daß er äußerst geschickt sein mußte, um unter solch widrigen Bedingungen die sich bewegenden Objekte im Blickfeld zu behalten, mußte der Kameramann auch noch die Kurbel der Kamera mit gleichmäßiger, aber variierender Geschwindigkeit drehen – manchmal langsamer, um die Aktion später auf der Leinwand wirken zu lassen, dann wieder schneller, um sie zu verlangsamen. All das mußte im Laufen geschehen, um die Tänzer im Blickfeld zu behalten. Selbst die hartnäckigsten und begeistertsten Berufsphotographen gerieten dabei ins Stolpern. »Das Einlegen des Films war schwierig, und das Ding klemmte oft«[53], berichtete einer der Kameramänner. Ein übriges bewirkten der Aberglaube der Indianer gegenüber der Photographie und ihre wachsenden Zweifel hinsichtlich der Motive der Photographen, die in ihre Welt eindrangen und ihre Privatheit störten; ihr Unmut, Gegenstand der Neugierde des Weißen Mannes zu sein, wuchs zusehends.

Die Filmbilder auf den folgenden Seiten zeigen einen wichtigen Teil der heiligen Riten des Schlangentanzes.

1. Zuerst betreten die Antilopenpriester die Plaza.

2. Sie umrunden die Plaza viermal und verstreuen dabei geweihtes Mehl.

3. Dann kommen die Schlangenpriester.

4. Stolz und kühnen Schritts umrunden auch sie viermal die Plaza.

*5. Die Priester reihen sich vor der Kisi auf, in der die Schlangen verwahrt sind.*

*6. Wenn die Gesänge aufhören, gehen die Schlangenpriester auf die Kisi zu.*

*7. Sekunden später treten die »Träger-Priester« mit den Schlangen aus der Kisi.*

*8. Der Tanz beginnt; aus dem Mund eines jeden »Trägers« baumeln Schlangen.*

*9. Die »Sammler« sind damit beschäftigt, die Schlangen einzufangen.*

*10. Die Zuschauer bekommen es mit der Angst zu tun; es werden immer mehr Schlangen.*

11. Die Photographen (Hintergrund Mitte) knipsen wie wild.

12. Die Tänzer holen die restlichen Schlangen aus der Kisi.

13. Inmitten der erregten Menge werden entwischende Schlangen wieder eingefangen

14. Die Schlagen werden beim Schlangenfelsen auf einen Haufen geworfen.

15. *Die Tänzer trinken einen bitteren Sud, ein »Reinigungsmittel«, das Erbrechen auslöst.*

# Erläuterungen zu den Filmbildern

1.: Wenn die Antilopentänzer auf die Plaza kommen, schütteln sie ihre Rasseln. Die weißen Zickzacklinien auf Rücken, Brust und Beinen symbolisieren Blitze. Ihre Röcke sind üppig mit weißer Baumwolle bestickt, und alle tragen farbenprächtige Schärpen. Über ihrer Oberlippe zieht sich eine weiße Linie von einem Ohr zum anderen. Der große Findling (rechts im Bild) ist der Schlangenfelsen, auch Großer Altarfelsen genannt; die Schlangenzeremonie findet immer in seiner Nähe statt.

2.: Der Oberpriester der Antilopen-Gesellschaft bringt einen Korb mit geweihtem Maismehl, das er verstreut, während er die Plaza umrundet. Jeder der Tänzer hält eine Rassel in seiner rechten Hand und trägt einen ausgehöhlten Kürbis mit geweihtem Maismehl, das vor verschiedenen Heiligtümern auf der ganzen Plaza verstreut wird. In der Kisi (links), einer kleinen, umzäunten »Hütte« aus Pappelzweigen und langen Schilfrohren befinden sich die Schlangen. Vor der Kisi liegt ein grob behauenes Brett über einem Loch, das man *sipapu* nennt; es symbolisiert den Eingang zur Unterwelt; hier wohnen die Geister, die die Tänzer herbeirufen wollen. Bei jedem Umkreisen der Plaza stampfen die Tänzer heftig auf die *sipapu*.

3. und 4.: Wenn die Schlangenpriester erscheinen, ändert sich schlagartig die Stimmung auf der Plaza. Es ist ein großartiges Schauspiel, wenn sie hereintrotten – die Leiber fast schwarz gefärbt, beschmiert mit Flecken und Punkten aus weißer Tonerde, das Kinn weiß bemalt – und die Schlangenpeitschen aus Adlerfedern in der rechten Hand schwingen. Auch die Schlangenmänner umrunden die Plaza viermal, stolz und energisch, und nehmen dann ihren Platz gegenüber den Antilopentänzern ein.

5.: Dieses Bild macht deutlich, daß es um die Jahrhundertwende Mode wurde, sich den »schreckenerregenden«, »bizarren« und sogar »abstoßenden« Schlangentanz anzusehen. Überall waren Touristen; das wurde allmählich zu einer ernsten Bedrohung des religiösen Charakters des Rituals. Wenn man sich darüber hinaus noch das Durcheinander vorstellt, das die Photographen verursachten, indem sie sich um die besten Plätze stritten, kann man sich unschwer vorstellen, daß die Zeremonie immer mehr einer Zirkusvorstellung ähnelte – ein heiliges Ritual wurde zu einer Jahrmarktsattraktion.

6. und 7.: Wenn die Gesänge aufhören, schreiten die Schlangenpriester – »Träger« und »Wärter« – paarweise auf die Kisi zu und verbeugen sich; innerhalb weniger Sekunden erheben sich die Träger wieder: Schlangen baumeln aus ihrem Mund. Einige halten die Schlangen fest, ehe sie sie in den Mund stecken, wie auf Rasterbild 7 zu sehen ist. Dann beginnen sie – jeweils ein Träger und ein Wärter zusammen – zu tanzen, rund um die Plaza herum. Die Sammler sind vollauf damit beschäftigt, die Schlangen auf ihrem Platz zu halten bzw. sie einzufangen, wenn sie zu entwischen versuchen. Für die Hopi besteht eine natürliche Verbindung zwischen Schlangen und Regen: »Das Symbol des Blitzes ist eine Zickzacklinie, die sehr an die Bewegungen einer Schlange erinnert. Aufgrund dieser Ähnlichkeit entstand die Vorstellung, daß die Schlangen Abgesandte der Götter sind.«[54]

8. und 9.: Der Wärter tanzt und legt dabei den linken Arm um den Nacken des Trägers; mit seiner Peitsche aus Adlerfedern schlägt er auf die Schlange ein. 1895 berichtete Vromans, daß »der Schlangenträger mit geschlossenen Augen tanzt ... solange er die Schlange im Mund hat. Wenn er die Plaza zweimal umrundet hat, läßt er die Schlange fallen und nimmt andere auf, die andere Tänzer hatten fallen lassen, und so ging es immer weiter ... Manchmal hat ein Schlangentänzer bis zu sechs Schlangen in seinem Mund. Mit ihren Schlangenpeitschen zwingen sie die Schlangen, sich zu strecken ... ehe sie versuchen, sie aufzuheben ... Wenn sie sie dann erst einmal in der Hand halten, behandeln sie sie, [als] wären sie nichts weiter als ein Strick«.[55]

10.: Voller Scheu beobachten die Zuschauer, wie die Zahl der Schlangen zunimmt und immer mehr fügsam aus den Mündern der Tänzer baumeln. H. R. Voth schrieb 1903, daß er »Tänzer sah, die eine, zwei, und sogar vier Schlangen zwischen den Zähnen hatten, wobei die Schlangen sich zu einem Knäuel zusammenringelten ... vor dem Mund des Tänzers. Einmal sah [ich], daß ein Tänzer die Schlange zur Hälfte im Mund hatte, und sie versuchte, in seine Ohren und Nasenlöcher zu kriechen; dann wieder stopfte ein Mann eine kleine Schlange ganz in seinen Mund, und nur noch ihr Kopf schaute zwischen seinen Lippen hervor.«[56]

11., 12. und 13.: Die Photographen knipsen fieberhaft drauf los, wenn die Tänzer die restlichen Schlangen aus der Kisi holen; zu diesem Zeitpunkt ist die ganze Plaza nur mehr ein einziges sich windendes Gewirr von Schlangen. »Mr. Hunt und Mr. Mumson [die Assistenten von Vromans] waren so sehr damit beschäftigt, die Tänzer zu beobachten«, schrieb Vromans, »daß sie ganz auf ihre Photoapparate vergaßen und ich selber zeitweise sieben Kameras bedienen mußte ...«[57] Das Getöse und das Durcheinander der Tänzer, das immer wilder wurde, je mehr Schlangen auftauchten, steigerte die Erregung und das Geschrei der Leute, die auf die Plaza drängten oder sich an den Hausdächern festklammerten. Gruppenweise versuchten die Sammler, die Hände voller Schlangen, die Reptilien unter Kontrolle zu bringen (Bild 13.).

14.: Wenn alle Schlangen aus der Kisi geholt sind, folgen die Tänzer dem Oberpriester zum Sockel des Großen Altarfelsens; dort werden die eingefangenen Schlangen in der Mitte auf einen riesigen Haufen geworfen, der, wie ein Zuschauer feststellte, »zu einer abscheulichen, ekelerregenden, sich windenden Masse« wird. In Sekundenschnelle packen die Schlangenmänner so viele Schlangen wie möglich aus diesem Haufen und rennen, die Hände voller Schlangen, so schnell es geht die Pfade über die Mesa hinunter. Anschließend werden die Schlangen als Sendboten zu den Gottheiten in alle vier Himmelsrichtungen freigelassen.[58] (Im Hintergrund in der Mitte ist eine Filmkamera zu sehen.)

15.: Wenn sie ihre Kostüme ausgezogen und in die Kiva zurückgebracht und die Farben von ihrem Körper gewaschen haben, trinken die Schlangenpriester ein bitteres Brechmittel. Dieses Reinigungsritual befreit, so glauben sie, vom Bann der Schlangen; erst jetzt können sie sich wieder unten die anderen Dorfbewohner mischen. 1897 schrieb Vromans: »Zu sehen, wie die dreißig Männer aus Ollas tranken und sich dann über den Rand der Mesa lehnten, um sich zu erbrechen, und mit aller Kraft versuchten, das Gift, das möglicherweise in ihren Körper gelangt war, loszuwerden, war nicht gerade ein vergnüglicher Anblick für die Zuschauer. Einer nach dem anderen«, fährt Vromans fort, »zogen sie sich dann in ihre Unterkünfte zurück, und langsam kam uns wieder zu Bewußtsein, daß wir ja noch in Amerika waren. Man wird so neugierig, so begierig darauf, alles zu sehen, daß man das fast vergißt – alles scheint ein Traum zu sein.«[59]

*AM RANDE DER MESA, NACH DEM SCHLANGENTANZ*

Am Rande der Mesa findet nach dem Aussetzen der Schlangen das Reinigungsritual statt. Alle Priester trinken ein Brechmittel, um ihr Verdauungssystem von den giftigen Speichelsekretionen zu reinigen, die vielleicht in ihren Körper gelangt sind. Das Brechmittel wirkt auch abführend. Schließlich kauen die Schlangenpriester noch eine Mischung aus Ton und Körnern, um ihren Mund zu reinigen. Auf diesem Bild versuchen mindestens vier Photographen, den letzten Teil der Schlangenzeremonie festzuhalten.

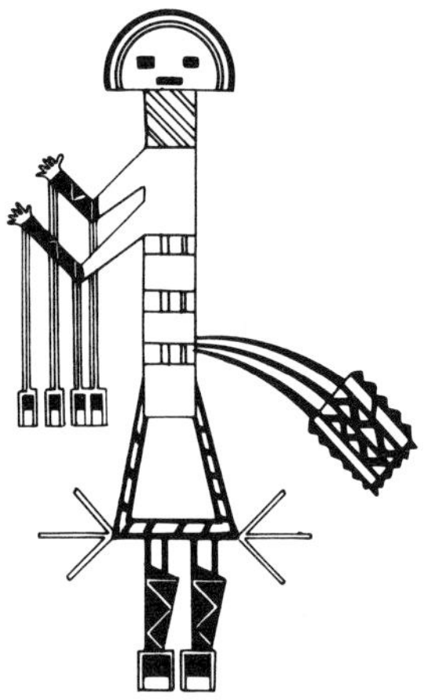

*Die Früchte des Feldes kann man neu pflanzen. Baumstrünke können sich vermehren. Und das können auch die Menschen. Aber der Erdboden ist nicht wie diese. Wenn man ihn einmal weggenommen hat, ist er für immer verloren.*[1]

Navaho-Indianer

# Die Navaho

*Ich habe immer gearbeitet. Deshalb haben sie immer geglaubt, ich sei der beste Indianer, den es gibt ...*[1a]

Die Lebensbedingungen der Navaho- und der Pueblo-Indianer sind im Prinzip dieselben: in einem Land der Felsenwüsten, das sehr trocken, aber von überwältigender natürlicher Schönheit ist. Die Navaho leben weit über ihr ganzes Territorium verstreut. Es gibt keine größeren Bevölkerungsansammlungen. Daß mehrere Familien in Dörfern zusammenleben, ist vielmehr charakteristisch für die Pueblo-Indianer. Die Navaho bewohnen ein 25000 Quadratmeilen großes Gebiet im Nordwesten New Mexicos und im Nordosten Arizonas. Dort findet man hoch aufragende Berge wie den Lukachukai und den Carrizo, tiefe, wunderschöne Canyons, unter anderem das schimmernde, wasserspendende Heiligtum Canyon de Chelly, einen Fluß – den San Juan –, der eine ausreichende Bewässerung ermöglicht, und weite Wüsten. Es handelt sich auch hier um eine Hochebene: »der Himmel ist das Dach der Welt« und »jede Mesa hat ihre Entsprechung in einer Mesa aus Wolken, als würde sie reflektiert«[2]. Heute gibt es über 160000 Navahos; sie sind der größte Indianerstamm in Nordamerika. In ihrer eigenen Sprache heißen sie *dine*, »das Volk«.

Ihre Behausungen für den Winter werden *hogans* genannt, Hütten, die aus einem einzigen Raum mit einem Durchmesser von höchstens 7,5 Meter bestehen. Die Hogans spielen eine große Rolle im religiösen Leben der Navaho, denn nur hier werden die Heilungsrituale vollzogen. Im Sommer errichten sich die einzelnen Familien provisorische Hütten oder Schuppen.

Die Navaho leben von Schafzucht und Trockenackerbau, aber schon seit langer Zeit sind ihnen ihre Schafe mehr wert als alle anderen materiellen Dinge. Der Verkauf von Lämmern, Wolle und Fellen bringt ihnen etwas Geld ein. Da sie auch Ziegen halten, sind sie das ganze Jahr hindurch mit Milch und Fleisch versorgt. Viehhüten ist eine alltägliche Beschäftigung; jedermann hat Erfahrung darin. Ein Navaho erinnert sich: »Als ich anfing, Schafe zu hüten, wurde das mein ganzer Lebensinhalt.«[3]

An erster Stelle steht für die Navaho-Indianer das Wohlergehen der Familie. Sinn und Zweck der harten Arbeit und des Anhäufens von Reichtum ist es, daß »... deine Kinder alles haben werden. Sie werden nicht hungern und nicht in Lumpen gekleidet sein, und sie werden auch Fleisch und andere Dinge essen können ...« Armut ist in der Navaho-Mythologie ein schreckliches und geheimnisvolles Ungeheuer; sie zu vermeiden ist mit das Wichtigste im Leben eines Navaho. »Ich erzähle dir das, weil ich nicht will, daß du eines Tages arm bist«[4], sagte ein Vater regelmäßig zu seinem Sohn. Nicht weniger wichtig ist das Beherrschen der Zeremonien, von dem geglaubt wird, es sei eine ganz reale Form von Reichtum, eine Art Lebensversicherung. Ein Navaho sagte einmal: »Wenn du eine gute Geschichte weißt, wird das dein Haus, deine Kinder und dein Hab und Gut beschützen.« Ein anderer meinte: »Auch wenn du nur ein einziges Lied für deine Schafe kennst, so werden sie doch gedeihen und nichts wird ihnen geschehen ...«[5]

Die künstlerischen Fähigkeiten der Navaho finden ihren schönsten Ausdruck in der vergänglichsten aller Kunstformen – in Sandzeichnungen; dabei werden Muster aus gefärbten Sandkörnern auf dem Boden angelegt. Diese »Gemälde« sind ein wesentlicher Bestandteil der Heilungsrituale; der Kranke muß sich während der Zeremonie auf das wichtigste Muster der Zeichnung setzen. Man verwendet Stunden darauf, solche Zeichnungen anzufertigen, und trotzdem ist das Bild als solches von geringem Wert, sobald es vollendet ist und vielleicht in weniger als einer halben Stunde verwischt wird. Die Rituale der Navaho zielen darauf ab, die Harmonie zwischen einem Menschen und anderen Personen oder übernatürlichen Mächten wiederherzustellen; hingegen ist das Grundthema bei allen Ritualen der Pueblo-Indianer: die Harmonie im ganzen Universum zu erneuern.[6]

*BLICK AUF EIN MAISFELD DER NAVAHO. CANYON DE CHELLY*

Der Canyon de Chelly liegt im Herzen des Reservats der Navaho-Indianer. Für die Navaho ist er der Spalt in der Erde, aus dem die Götter aufstiegen, um die Menschen zu lehren und zu unterweisen. Der Canyon ist nicht nur die Heimat der Navaho-Gottheiten, sondern auch des prähistorischen Volkes, der Anasazi (»Die Alten«), die die Vorfahren der Hopi waren.
Der Canyon mißt mehr als 131 Quadratmeilen (über 83 000 Morgen); wie Theaterkulissen wirken die leuchtend roten Sandsteinfelsen, in denen sich über 400 alte indianische Klippenhäuser befinden. Hunderte von Wandmalereien (Bilderschriftzeichen und Felszeichnungen), die sowohl von den Anasazi als auch von den Navaho stammen, finden sich überall im Canyon, hauptsächlich in Höhlen und auf geschützt gelegenen Felssimsen.

*CANYON DEL MUERTO, RUINE DES ANTILOPENHAUSES*

Der Canyon del Muerto wurde nach einem Massaker benannt, bei dem die Spanier 1805 eine große Zahl von Navaho-Frauen und -Kindern töteten. Der Canyon zweigt im Osten des Canyon de Chelly ab. Das Antilopenhaus ist eine der größten Ruinen im ganzen Canyon und befindet sich am Fuß einer Klippe. Die Navaho benutzen heute noch einige der Höhlen als Lagerräume für getrocknete Pfirsiche und Mais.

Zu jeweils verschiedenen Zeiten lebten im Canyon de Chelly die »Korbmacher«, Klippenbewohner, Hopi und die Navaho. Unter den steilen Felssimsen sind auf Bilddiagrammen und Felszeichnungen aus verschiedenen Epochen Tiere, Jäger, Tänzer und Spanier zu Pferd dargestellt.

Ein Großteil der Navaho-Mythologie bezieht sich auf verschiedene Felsformationen im Canyon. Der Spider Rock (»Spinnenfelsen«) beispielsweise, der etwa 240 m hoch aufragt, ist der legendäre Wohnsitz der Spider Woman (»Spinnenfrau«), die der Mythologie nach den Navaho die Webkunst beibrachte.

*NAVAHO-PAAR VOR EINEM HOGAN*

Hogans sind nicht nur Behausungen, sie spielen eine zentrale Rolle im religiösen Leben der Navaho.

*NAVAHO-MUTTER MIT KIND*

Neu errichtete Hogans werden oft mit Segenssprüchen geweiht, etwa: »Hier möge das Glück wohnen.«[7]

*NAVAHO-WEBER. GANADO, ARIZONA*

Mehr als 300 Jahre lang waren die Navaho hervorragende Weber; ihre traditionellen Decken sind regelrechte Kunstwerke. Jede Decke galt als Manifestation der Seele ihres jeweiligen Webers. Sie »... war nicht nur eine besondere Form des Ausdrucks, sondern auch eine Selbstdarstellung des Webers vor den Augen der Welt ... Eine Decke repräsentierte nicht nur den Stamm, sondern auch die individuelle Persönlichkeit ... Sie war ... der lebendige Ausdruck eines Bildes von sich selbst, und die Variationsmöglichkeiten innerhalb einer festgefügten formalen Tradition spiegelte die Individualität des einzelnen Navaho wider.«[8]

Vor dem Weben wurden keinerlei Entwürfe angefertigt, jede Decke sah anders aus. Leuchtende Farben und phantasievolle Muster verliehen jeder einzelnen Decke eine ungeheure visuelle Intensität. Im Unterschied zu den Webern in den Pueblos, von denen sie dieses Handwerk gelernt hatten, verwendeten die Navaho ihre ganze Erfindungskraft darauf, traditionelle Muster und Motive weiterzuentwickeln. In jeder Phase der Herstellung wurden bestimmte Lieder gesungen, und es galt als schädlich, zu lange am Webstuhl zu sitzen.

*JUNGER NAVAHO MIT EINER ZIEGENHERDE. WALNUT CANYON, ARIZONA*

Schaf- und Ziegenherden wurden in der Nähe der Navaho-Behausungen eingepfercht; das Hüten der Tiere oblag meist den Kindern. Heute hüten auch Erwachsene die Tiere, allerdings zu Pferde. Die Methoden des Viehhütens sind eine Mischung aus uralten magischen Vorstellungen und praktischen Überlegungen. Ein Navaho mittleren Alters erzählte über die Praktiken seines Stamms: »Früh am Morgen treiben wir die Schafe aus dem Pferch, ich singe ein Lied und öffne das Gatter. Wenn die Hälfte der Schafe draußen ist, habe auch ich mein Lied zur Hälfte gesungen. Wenn sie alle draußen sind, höre ich auf zu singen. Sie grasen den ganzen Tag. Sie dürfen kein Narrenkraut fressen, sonst werden sie verrückt und rennen wie wild herum. Wenn sie Beifuß fressen, darf ich ihnen kein Wasser geben, sonst gehen sie ein ... Dann gibt es da noch das Eulenfußkraut. Wenn sie das fressen, erbrechen sie und sterben. Wenn man Schafe hütet, gibt es Lieder, um sie zu schützen und daß sie sich vermehren.«[9]

*NAVAHO-MÄDCHEN. GANADO, ARIZONA*

»Ich bin immer ein armer Mann gewesen. Ich kenne kein einziges Lied«, erzählte ein Navaho dem Anthropologen W. W. Hill zu Beginn seiner Schilderung landwirtschaftlicher Gebräuche. »Man kann nicht oft genug betonen«, meint Dr. Hill, »wie sehr die starke Religiosität durch diese Aussage veranschaulicht wird. Sie faßt in einigen wenigen Worten die ganze Einstellung der Navaho zu Leben und Erfolg zusammen. Was die Landwirtschaft betrifft, so hing eine gute oder schlechte Ernte nicht von den Wechselfällen der Natur ab, sondern von der Kontrolle der Kräfte der Natur durch bestimmte Rituale.«[10]

*NAVAHO-SILBERSCHMIED*

Die Navaho sind berühmte Silberschmiede. Männer und Frauen tragen gerne Gürtel, Armreifen und Anhänger aus Silber und Türkisen. Die Art der Gestaltung geht zurück auf die Waren, die die Navaho schon 1750 von englischen und anderen Siedlern eintauschten. Außerdem wurde sie von mexikanisch-spanischem Brautschmuck und den ornamentalen Mustern auf der Kleidung von Europäern im späten 18. und frühen 19. Jahrhundert beeinflußt. Dieser Silberschmied bearbeitet gerade ein Stück Silber, um einen Armreif zu formen. Das Feuer in der Esse – ein offener Herd, in dem man das Metall erhitzt, ehe man es bearbeitet – ist bereits entfacht, und er kann mit der Arbeit beginnen. Im Hintergrund ist undeutlich ein Blasebalg zu erkennen.

*CASA BLANCA. CANYON DE CHELLY*

Eine atemberaubende Aussicht auf den Canyon de Chelly, die Heimat der Navaho, mit seinen rostroten, zyklopischen Felsmassiven. Die Behausungen auf den Klippen und der Fuß des Canyons bildeten früher eine Einheit. Deutlich erkennbar die Ruine des Weißen Hauses, eine der ältesten Behausungen, die vor 1200 von den Anasazi errichtet wurde.

*CANYON DE CHELLY*

Der Kiowa-Schriftsteller N. Scott Momaday wuchs bei den Navaho auf. In *The Names*, seinen Memoiren, schreibt er: »Wenn man einmal bei den Hogans im Canyon de Chelly war oder einen Squaw-Tanz in Lukachukai miterlebt hat – wenn man einmal in der Dämmerung die Lieder der Reiter oder die Musik bei einer *yeibichai* [eine Heilungszeremonie der Navaho] gehört hat – dann kommt man nie mehr ganz davon los, ein Teil vor dir wird immer dort bleiben; dein Geist hat seine alte Heimstatt gefunden.«[11] Aus den Falten der Erde ragen die nackten Felswände auf; man blickt in einen »Korridor der geologischen Zeit« hinein. Man geht um eine Ecke und ist von Felswänden umschlossen.

*Ich hörte das Singen und Trommeln, als wir uns dem Pueblo näherten, und es zog mich wie magisch an; ich ließ die anderen stehen und rannte auf den Pueblo zu … Von einem Augenblick auf den anderen fand ich mich einem Stamm gegenüber, den andere Gefühle beherrschten, in dem ein anderes Wissen eine Kraft geschaffen hatte, die anders war als alles, was ich je erlebt hatte, und in dem die Tugend in der Ganzheit lag und nicht in der Zersplitterung … Ich fühlte, daß dies hier ein neues Leben war, das mich einhüllte.* [1]

Mabel Dodge Luhan (1917)

# Die Pueblos am Rio Grande und im Westen

*»Taos ... und die anderen Pueblos ... haben seit neuestem Künstler- und Dichterkolonien ... Endlich hat die Weisheit von Jahrhunderten ... uns ins Bewußtsein gerufen ..., welch ... lebendige Schöpfungen primitiver Kunst es gibt ...«*[1a]

Zu den Pueblo-Indianern zählen außer den Hopi- und den Zuni-Stämmen im Nordosten von Arizona und im Westen von New Mexico auch die Indianer in den Pueblos im Osten – Taos, San Idlefonso und Isleta – entlang dem Rio Grande in Zentral-New-Mexico und in Acoma im Süden. Es existieren nur noch etwa dreißig von den circa siebzig Pueblos, die bewohnt waren, als Francisco Vásquez de Coronado im Jahre 1540 auf sie stieß. Coronado suchte die »Sieben Städte von Cîbola«, wo es unermeßliche Mengen von Gold und Edelsteinen geben sollte. Statt dessen fand er kleine dörfliche Gemeinschaften, die autark waren; er nannte sie *pueblos* – das ist das spanische Wort für »Dörfer«. Die Eingeborenen betrieben Ackerbau, pflanzten Baumwolle und züchteten Truthähne.

Schon bevor die Spanier kamen, waren die Territorien der Pueblos immer kleiner geworden. Lang andauernde Dürreperioden hatten im 13. Jahrhundert die Landschaft und den Verlauf der Flüsse beträchtlich verändert. Viele Dörfer waren verlassen. Schließlich führten Stammeskriege zwischen den einzelnen Pueblos dazu, daß noch mehr zerstört wurde.

Die Pueblo-Kultur erreichte ihren Höhepunkt während des 14. Jahrhunderts; sie verbreitete sich damals über weite Teile des südwestlichen Amerika. In dieser Epoche erlebten die Dörfer auf der Mesa Verde im südwestlichen Colorado ihre Blütezeit. Zu den bemerkenswertesten Zentren dieser Kultur zählten der Canyon de Chelly und Kayenta im nordöstlichen Arizona.

Als spanische Untertanen wurden die Pueblo-Indianer unter der skrupellosen und brutalen Herrschaft Coronados grausam mißhandelt und ausgebeutet. Überfälle und wiederholte Versuche, sie zu kolonisieren, zwangen die Dörfer dazu, sich zusammenzuschließen und Ruhe und Frieden vorzutäuschen. Die spanischen Herrscher – sowohl die staatlichen wie auch die kirchlichen – versuchten, die traditionellen Glaubensformen und geheiligten Riten abzuschaffen und statt dessen den orthodoxen katholischen Glauben und die entsprechenden Zeremonien einzuführen. Es gibt zahlreiche Berichte aus dem 17. Jahrhundert über Versuche, die religiösen Bräuche der Eingeborenen gewaltsam abzuschaffen.[2] Die Kivas der Pueblos wurden überfallen, und die Kultgegenstände verbrannt. Die Indianer wurden gezwungen, sich taufen zu lassen und an der heiligen Messe teilzunehmen. Widerstand hatte körperliche Bestrafung zur Folge, darunter Auspeitschen und Kerkerhaft.

Dann kamen die Angloamerikaner – vor allem die Missionare anderer Glaubensrichtungen – und wieder wurden die zeremoniellen Riten als »obszön«, »unmoralisch« und »Götzendienst« verdammt. Indianische Kinder wurden von ihren Familien getrennt und in Klosterschulen gesteckt, oft sehr weit entfernt von den Reservaten; sie sollten ihren Eltern und der traditionellen Kultur entfremdet werden. Dieses Vorgehen der Missionare und der Beamten der Vereinigten Staaten bewirkte jedoch, daß die Pueblo-Indianer ihre traditionellen Zeremonien um so intensiver fortsetzten; nur wenige assimilierten sich kulturell vollständig.

Heute versucht man, in der unermeßlichen Weite des Landes der Pueblos, die durch die unverhältnismäßig winzigen, an den Erdboden geschmiegten Ziegelbauten noch dramatischer wirkt, die heiligen Riten zu neuem Leben zu erwecken; aber sie werden jetzt sorgsam gehütet – aus angstvoller Erinnerung an eine Zeit, die man nicht vergessen hat.

*Das Geräusch huschender Füße*
*in der Prärie –*
*sind es Menschen, sind es Götter,*
*die aus der Stille traten?*[3]

Alice Corbin (1920)

*REITER IN DEN WEISSEN SANDDÜNEN. NEW MEXICO*

In ihrem Roman *Death Comes for the Archbishop* beschreibt Willa Cather einen Ritt über diese ebenen Wüstenlandschaften in den zwanziger Jahren unseres Jahrhunderts: »Diese flache Mesa sah uralt und irgendwie unvollständig aus; gerade so, als hätte der Schöpfer, nachdem er alle Elemente beisammen hatte, aus denen die Erde besteht, plötzlich aufgehört und wäre weggegangen und hätte alles so liegenlassen, kurz bevor es vollendet war, kurz bevor Berge, Ebenen und Plateaus geformt waren. Das Land wartet immer noch darauf, zu einer Landschaft gemacht zu werden.«[4]

*DIE ZELTE VON OTOWI*

Otowi – der Name ist von dem alten Wort *Po-tsu-wii* (»Brunnenschlucht«) abgeleitet –, ein großer Pueblo, bestand aus terrassenförmig angelegten Steinhäusern mit insgesamt fast 750 Räumen und zehn kreisförmigen Kivas. Diese monolithischen Strukturen, aus Tuffgestein (Ablagerungen vulkanischer Asche) herausgemeißelt, befinden sich in der Nähe von Los Alamos, New Mexico, im heutigen Bandelier National Monument. Fast die ganze Gegend hier ist mit dicken Lagen verbackener vulkanischer Asche bedeckt, die man als »Bandelier-Tuff« bezeichnet. Es wird angenommen, daß dies die prähistorische Heimat der Tewa-Indianer des San-Ildefonso-Pueblo ist.

*DIE RUINEN VON TYUONYI VON OBEN GESEHEN. CANYON OF RITO DE LOS FRIJOLES*

Dieser riesige, uralte Pueblo, der kreisförmig angelegt war, erstreckte sich vermutlich über drei Terrassen und umfaßte insgesamt etwa 400 Räume. Er wurde 1890 von dem Historiker Adolph Bandelier und dem Schriftsteller, Naturforscher und engagierten Verteidiger der Rechte der Indianer, Charles F. Lummis, entdeckt. Lummis stellte fest, daß »die ebenerdigen Räume 1,2 bis 2,5 m hoch sind; an einigen Stellen kann man Überreste weiterer Stockwerke erkennen. Die ganze Anlage erinnert an eine riesige Honigwabe.«[5] Die Jahresringe der in Tyuonyi verwendeten Baumstämme lassen darauf schließen, daß der Pueblo zwischen 1383 und 1466 errichtet wurde. Die Menschen, die hier lebten, betrieben Ackerbau; sie bauten Mais, Bohnen und Kürbisse auf der Talsohle des Canyons und den umliegenden Mesas an. Sowohl die Keresan- als auch die Tewa-Indianer beanspruchen diese Gegend als ihre ursprüngliche Heimat, und tatsächlich sprechen viele Legenden und Traditionen dafür. In der Keresan-Sprache bedeutet der Name Tyuonyi angeblich »Versammlungsplatz« oder »Platz der Verhandlungen«. Die Tewa nannten die Ruine *Puqwige' onwikeji*, was soviel bedeutet wie »alter Pueblo, wo die Grundscheiben der Tongefäße geglättet und dünn gemacht werden«. Aus unbekannten Gründen verließen die Bewohner Mitte des 16. Jahrhunderts den Frijoles-Canyon.

*Die Indianer sagen, Taos sei das Herz der Welt. Ihrer Welt, vielleicht. Es gibt Städte, die scheinen auf dem Gesicht dieser Erde nur kurz zu verweilen: San Francisco beispielsweise. Andere hingegen scheinen für immer da zu sein. Sie haben echte Lebenszentren ... Städte können den Kern ihres Wesens verlieren. Das ist meiner Ansicht nach mit Rom geschehen. In Venedig fühlt man den Zauber des glorreichen Zentrums, das Ost und West miteinander verband, aber es ist die Schönheit eines Lebens danach.*

*Taos hat sich seinen Lebensnerv bewahrt. Nicht wie eine große Stadt, sondern – wenn auch auf seine Weise – wie eines der Klöster in Europa ...*

*Taos kommt mir vor wie solch ein altes Kloster. Wenn man dorthin kommt, hat man das Gefühl von Endgültigkeit. Es ist ein Ankommen. Dieses Herz umfaßt immer noch Gott ...*

*Da ist er also, der Pueblo, wie er immer da war seit der Himmel weiß wie lange. Und das langsame, dunkle Weben indianischen Lebens geht unabhlässig weiter. Wenn auch möglicherweise etwas verhaltener. Und man selbst, auf einem Pony sitzend, ein Fremder von weither – Abgründe von Zeit zwischen mir und all dem um mich herum. Und dennoch, die alte Verbundenheit ist immer noch da, wie ein dunkler Nervenknoten, der unsichtbare Fäden des Bewußtseins spinnt. Eine Ahnung von Dürre und Trockenheit, von Müdigkeit fast, liegt über dem Pueblo. Und ein Gefühl des Unabänderlichen ...*[6]

D.H. Lawrence (1923)

*PUEBLO TAOS, NORDSEITE, NEW MEXICO*

Taos ist der nördlichste Pueblo am Rio Grande und liegt etwa fünfzig Meilen nördlich von Santa Fé. Er ist vollständig von den Gipfeln und Klippen der Bergkette Sangre de Cristo umgeben. Die oberen Plattformen der terrassenförmig angelegten Gebäude im Pueblo Taos erreicht man über Leitern oder Steinstufen. Dieser Teil des Pueblo ist ein beeindruckendes Beispiel städtischer Baukunst; die Gebäude haben hier bis zu sieben Stockwerke. Die oberen Stockwerke dienten normalerweise als Wohnräume, während in den unteren die Vorräte aufbewahrt wurden. Viele der Kamine, die immer noch in Gebrauch sind, bestehen aus zerbrochenen Gefäßen und Tonscherben.

*KINDER IM PUEBLO TAOS, NEW MEXICO*

*STRASSE IM PUEBLO TAOS, NEW MEXICO*

*Der Geist des Abenteurertums ist zu einem fliegenden Teppich geworden, von dem es heißt, daß er einen »von allem« wegbringt ... und den Reisenden allein läßt mit seinen ... Erinnerungen an eine flüchtige Begegnung mit Rousseaus »natürlichem Menschen«. Die Verluste, die eine Folge dieses Beschleunigungsprozesses sind, sind endgültig.*[7]

Alexander Alland, Jr. (Anthropologe)

*DIE ESTUFA IM PUEBLO SAN ILDEFONSO, NEW MEXICO*

In San Ildefonso gibt es eine große, staubige, von der Sonne ausgedörrte Plaza. Eine majestätische Pappel ragt über dem Platz auf. Die *estufa*, die Kiva der Pueblos im Osten, dominiert den Platz. Sie ist Behausung und Heiligtum zugleich; dort spielen sich viele soziale und wirtschaftliche Aktivitäten ab, aber hauptsächlich dient sie der Vorbereitung und Abhaltung von Zeremonien.
In den zwanziger Jahren wurde es Mode, mit dem Auto durch den Südwesten zu reisen; die Santa-Fé und Fred Harvey boten den Benutzern ihrer transkontinentalen Eisenbahnlinie ein dreitägiges, romantisches Zwischenspiel an – den »Ausflug in das Land der Indianer«, zu den Pueblos und Klippenhäusern in New Mexico. Die Passagiere wurden von Chauffeuren und Kurieren abgeholt; in Lamy, Albuquerque und Winslow standen Packard-Busse bereit und brachten sie zu den Hügeln.
Die »Abenteuerreisenden« auf diesem Bild sollten sich in San Ildefonso einen der Volkstänze ansehen und die schwarze Töpferware, für die der Pueblo berühmt war, kaufen. Der Fahrer der Fred-Harvey-Gesellschaft hat einen Stetson auf und trägt Westernkleidung; die Indianer haben sich herausgeputzt und tragen den für die Prärie-Indianer charakteristischen Kopfschmuck.

*DER PUEBLO ZUNI; IM HINTERGRUND DER CORN MOUNTAIN (»MAISBERG«)*

Der Corn Mountain, in der Zuni-Sprache *Dowa Yalanne*, ragt 300 m über die von der Sonne ausgedörrte Ebene des westlichen New Mexico auf und beherrscht das Leben der Indianer. Dort befinden sich die für sie so wichtigen Heiligtümer, zu denen die Zuni das ganze Jahr hindurch pilgern. Der Pueblo Zuni ist von ausgedehnten Sandflächen umgeben. Als der Künstler William R. Leigh 1906 Zuni besuchte, fand er es wunderbar pittoresk, »alles rosenfarben«. In einem Brief schrieb er: »Als ich meine Malutensilien nahm und in die Stadt ging, schien ich mich eher in einem Tagtraum als in der Wirklichkeit zu befinden. Hier waren also die Stadt und die Leute, die schon Coronado gesehen hatte. Dies war die Stadt, von der berichtet worden war, ihre Straßen seien mit Gold gepflastert und die Dächer mit Gold gedeckt ... Die Frauen waren in rote Decken gehüllt, die herrlich mit ihrem schwarzen Haar kontrastierten. Es schien unmöglich, irgend etwas hinzuzufügen oder wegzunehmen, um diese malerische Märchenhaftigkeit noch intensiver zu machen. Farbe, Linienführung, die Proportionen, alles war vollkommen. Die Leute hier stellten wunderbare Keramik und einzigartig schönen Schmuck her. Sie webten wunderschöne Gürtel und andere Kleidungsstücke.«[8]

*EIN PUEBLO-HAUS*

Das traditionelle strohgedeckte Sonnendach, *ramada,* diente zum Trocknen von Gemüse, Obst und Tierhäuten und zum Stapeln von Holz. In diesem Wohnraum im Freien wurde gekocht, gegessen; Gäste wurden dort empfangen und manchmal eine Wiege an den Sparren des Rahmengestells aufgehängt. Die leuchtend roten Chili-*ristratas,* die an der Wand und auf dem Boden getrocknet wurden, waren eines der wichtigsten Nahrungsmittel der Pueblo-Indianer.

Als man die Möglichkeit hatte, Glas zu beschaffen, wurde es sofort in die Architektur der Pueblo-Gebäude mit einbezogen.

*Ein Kind ist ein Wesen, das gerade aus dem Großen Geheimnis gekommen ist, und ich, der ich ein alter Mann bin, bin gerade dabei, in das Große Geheimnis zurückzukehren. In Wirklichkeit sind wir einander also sehr nahe.*[9]

Ein alter Lakota-Indianer

*PUEBLO LAGUNA. MUTTER UND KIND*

Vom Tag seiner Geburt an wird das Pueblo-Kind auf eine Art Wiegenbrett gebunden, eine flache Planke, an der eine Konstruktion aus Weidengerten befestigt wird, die als Schutz für den Kopf des Kindes dient. Der Säugling wird mit Stoffstreifen oder Kordeln festgebunden, die durch Ösen im Brett gezogen werden. Oft bringt man eine Art Baldachin aus Stoff an der Weidengerte an, um das Gesicht des Kindes vor der Sonne zu schützen. Normalerweise verbringt der Säugling die ersten drei bis sechs Monate seines Lebens fast ausschließlich auf dem Wiegenbrett, auch wenn es gestillt wird. Die Indianer glauben, das Wiegenbrett bewirke später einen aufrechten Gang und eine gute Haltung. Außerdem ist man überzeugt davon, daß sich das Kind sicherer fühlt. Soviel man weiß, hat das lange Festgebundensein keinerlei Einfluß auf die Entwicklung der motorischen Fähigkeiten.

*AUFGEPASST! WEBE-TANZ DER NAVAHO IM PUEBLO TESUQUE*

*LAGUNA. EINGEWEICHT. DER BADETEICH*

*FRAUEN IN EINEM RIO-GRANDE-PUEBLO BEI DER ARBEIT*

Die Aktivitäten der Frau beschränken sich fast ausschließlich auf das Haus, das ihr gehört und in dem sie normalerweise ihr ganzes Leben verbringt. Wie in den meisten Pueblos beteiligen sich die Frauen auch hier intensiv an der Errichtung und Instandhaltung des Hauses. Sie bringen den Verputz an und streichen ihn glatt, während die Männer die Steine aufschichten und die hölzernen Pfosten aufstellen. »Das Haus wird immer in Form eines Parallelogramms gebaut«, schreibt der Anthropologe Victor Mindeleff, »die Wände sind 2 bis 2,5 m hoch und von unterschiedlicher Dicke ... Kiefer, Pinie, Zypresse und Pappel ... alle nur verfügbaren Holzarten aus der Gegend werden beim Hausbau verwendet.«[10]

*HOLZSAMMLER*

Da in der unmittelbaren Umgebung des Pueblo kaum etwas wuchs, das als Brennmaterial verwendet werden konnte, mußten die Männer zum Holzsammeln bis zu den weit entfernten Mesas. »Brennholz war am schwierigsten zu beschaffen und ging am schnellsten zu Ende«, berichtet Häuptling Sonne in seinem Tagebuch. »Alte Männer und Frauen, einige von ihnen fast blind, zogen weit hinaus in die Ebenen und kamen mit Bündeln von Ästen und Reisig auf ihrem Rücken zurück. Sooft mein Vater das Vieh hütete, verwandte er seine ganze freie Zeit darauf, abgestorbene Zypressenbüsche oder Weiden zu brechen; er schichtete sie zu kleinen Stapeln auf, die dann mit Eseln ins Dorf gebracht wurden.«[11]

*BROTBACKEN. PUEBLO SAN ILDEFONSO, NEW MEXICO*

1582 beschrieb Antonio de Espejo, einer der ersten spanischen Forscher, seine Eindrücke von den Pueblos am Rio Grande: »Die Einwohner einer jeden Stadt kamen heraus, um uns zu begrüßen, luden uns in ihre Pueblos ein und boten uns Unmengen von Truthahn, Mais, Bohnen und Tortillas an, außerdem noch andere Brotsorten, die sie besser zubereiten als die Mexikaner. Sie zermahlen rohen Mais auf sehr großen Steinen; dabei arbeiten fünf oder sechs Frauen an einer einzigen Mühle, und aus diesem Mehl machen sie viele verschiedene Sorten Brot.«[12]

Der Ofen ist aus Stein und innen und außen verputzt; oben befindet sich ein kleiner Abzug und unten die Öffnung für das Brennmaterial und den Teig. Man verwendete die verschiedensten Arten von Brennmaterial: Maiskolben, Schafdung und Holz. Die Brotlaibe wurden mit langstieligen Schaufeln – eine ist im Vordergrund zu erkennen – in den Ofen geschoben.

*PUEBLO-INDIANERIN BEIM SCHROTEN VON MAIS*

»Mais ist Leben, und *piki* die vollkommenste Speise«, lautet eine Redensart der Hopi. Die Hopi haben in ihrer Sprache ungeheuer viele Ausdrücke für Speisen aus Mais, darunter Wörter für Teile der Pflanze, die in der angloamerikanischen Kultur unbekannt sind. Es gibt mindestens zweiundfünfzig verschiedene Maisspeisen; Piki, eine hauchdünne Waffel aus Maismehl, ist die beliebteste. Mit einer schnellen Handbewegung wird der Teig auf einen glattpolierten erhitzten Stein gestrichen, das Ergebnis ist ein sehr feines Brot, dünn wie ein Blatt Papier. Manchmal werden Gemüseblüten in den Teig gemischt, damit er Farbe bekommt und würziger schmeckt.

Keinen Mais zu haben war ein Unglück. Jede Familie bemühte sich, immer Vorrat für ein ganzes Jahr im Haus zu haben,und man ging sehr sparsam damit um. Bei den Hopi werden Maissorten in den verschiedensten Farben gezüchtet – weiß, gelb, rot, blau und purpurfarben; letztere bezeichnen die Hopi als schwarz oder gesprenkelt.[13]

*TÜRKISBOHRER. ZUNI*

Die Zuni lernten die Kunst des Silberschmiedens und der Bearbeitung von Türkisen von den Navaho; heute gelten sie als die geschicktesten Schmuckhersteller unter den Pueblo-Indianern. Lanyade war der erste Eingeborene in einem Zuni-Pueblo, der dieses Handwerk erlernte: »Als ich noch jung war, ungefähr dreißig Jahre alt [1872], kam ein Navaho nach Zuni, der wußte, wie man Silber macht ... Wir wurden gute Freunde ... er kam zu mir und wohnte bei mir. Zu dieser Zeit wußte niemand in Zuni, wie man Silber macht ... Wir hatten gesehen, daß die Mexikaner und die Navaho es tragen, und wir hatten ein paar Stücke von ihnen gekauft. Aber diese silbernen Knöpfe und Armreifen waren sehr teuer, und nur wenige Leute im Dorf hatten welche ... Ich sagte zu [Atsidi Chon], daß ich ihm ein gutes Pferd geben würde, wenn er mir beibringt, wie man Silber bearbeitet. Er lehrte es mich also, und ich war der einzige Zuni, der es von ihm gelernt hat.«[14] Auf diesem Bild bohrt der Handwerker ein Loch durch eine Türkisperle, und zwar mit Hilfe einer Rohrpumpe, »die sich dreht, wenn man mit dem Querstück eine Pumpbewegung ausführt, während das Schwungrad eine Drehbewegung auslöst, bei der die Riemen in einer Richtung abgespult, in der anderen Richtung aufgewikkelt werden ...«[15]

*Ich bin Medizinmann, weil ein Traum mir gesagt hat, daß ich einer sei, weil es mir befohlen wurde, einer zu sein, weil die alten heiligen Männer – Donnerfalke, Beil, Gute Lanze – mir geholfen haben, einer zu sein ... Man wird ein* pejuta wicasa, *weil einem ein Traum sagt, daß man das tun soll. Keiner träumt von all den Medizinen. Man ist Arzt, wenn man weiß, daß man die Kraft hat. Das erbt man nicht; man arbeitet dafür, fastet dafür, versucht, davon zu träumen, aber es gelingt nicht immer. Es ist wahr, daß manche Familien eine Reihe von guten Medizinmännern hervorbringen, und es hilft, wenn man unter seinen Verwandten einen heiligen Mann hat, der dich unterrichtet und versucht, seine Kraft auf dich zu übertragen. Das geht manchmal, aber nicht immer. Medizinmänner sind keine Pferde. Man züchtet sie nicht ..., wenn du mich so siehst, in meinem geflickten, ausgebleichten Hemd, mit meinen durchlöcherten Cowboystiefeln ... – all das entspricht nicht dem Bild, das der Weiße Mann sich von einem heiligen Mann macht ... – aber ich war auf dem Gipfel des Hügels, ich hatte meine Vision, und ich bekam meine Kraft, der Rest ist Schnickschnack. Diese Vision ist immer bei mir ...*[16]

Lahmer Hirsch (Medizinmann)

*MEDIZINMANN IN TESUQUE, NEW MEXICO*

Der Medizinmann »hält das Universum in Bewegung« und wacht über die wechselseitige Beziehung zwischen Mensch und Natur. Er ist der Bewahrer der »alten Sitten und Gebräuche, der Stammesrituale und Legenden und auch der Hüter des Geistes und der Moral, die im Mittelpunkt des Lebens im Pueblo stehen.« Priester, Magier, Medizinmann, Schamane – sie alle sind eingeborene Heilkundige, zu deren mystischen Praktiken Visionen, Fasten, Singen, Trommeln und das Schütteln der Rasseln gehören. Man glaubt, daß Glück und Unglück in ihrer Hand liegen. Ihre Kunst reicht zurück bis in die vorgeschichtliche Zeit. Am wichtigsten ist ihre Fähigkeit zu heilen, denn die Eingeborenen sind davon überzeugt, daß Krankheiten von bösen Geistern ausgelöst werden und daß die Kraft des Heilkundigen diese Geister aus dem Körper des Kranken vertreiben kann. Die Behandlung beginnt damit, daß der Medizinmann sich auf seinen Trancezustand vorbereitet: »... er trommelt, ruft seine hilfreichen Geister, spricht eine ›geheime Sprache‹ oder die ›Sprache der Tiere‹, indem er das Brüllen von wilden Tieren oder den Gesang der Vögel nachahmt.«[17] Schließlich gerät er in einen Zustand der Ekstase, der religiösen Inspiration, denn die Medizinmänner sind im Besitz der »Geheimnisse des Geistes der Erde«.

*BETRETEN DER KIVA. RIO-GRANDE-PUEBLO*

*DER INNENRAUM DER KIVA MIT DEM GEBETSALTAR. PUEBLO NAMBÉ*

*HIRSCHTANZ IM PUEBLO TESUQUE, NEW MEXICO*

Die Tiertänze in den Pueblos – bei denen Büffel, Hirsch, Antilope, Elch und Dickhornschaf dargestellt werden – sollen an die großen Jagdtiere erinnern, die früher ein Hauptnahrungsmittel in den Pueblos waren. Bis zu fünfzig Tänzer versammeln sich zum Hirschtanz, *penshare,* der im Winter als Begrüßung einer neuen Jahreszeit und als Bitte um neues Wachstum aufgeführt wird. Die Stöcke, die die Tänzer in den Händen halten, stellen die Vorderbeine des Hirschs dar; der Kopfschmuck sind Hirschgeweihe, die auf Kronen aus Yucca-Stengeln gesteckt werden; an jeder Geweihspitze werden Truthahnfedern befestigt. Die »Hirsche« sind ein seltsamer Anblick mit ihren steifen weißen Hemden, den Gamaschen und den dunkel bemalten Gesichtern, wenn sie singend und paarweise die Plaza umrunden. Um den Hirsch nachzuahmen, beugt sich der Tänzer nach vorn und verlagert sein Gewicht mit jeweils unterschiedlichem Druck auf die kurzen Stöcke, so daß die Lauf- und Springbewegungen des Tieres täuschend echt erscheinen.[18]

*HIRSCHTÄNZER IM PUEBLO TESUQUE*

In der symbolischen Vorstellungswelt der Pueblo-Indianer werden die sechs Richtungen – Norden, Süden, Osten, Westen, oben und unten – mit bestimmten Tieren und Vögeln in Verbindung gebracht. Beispielsweise repräsentiert der Puma, *pingxeng*, den Norden. Er wird mit dem Jagdhäuptling gleichgesetzt, dem Herrn der Tiere, der den Hirschtanz anführt. »Der Jäger verkleidet sich als das Tier, das er erlegen will, und kann so ganz in die Nähe einer Herde kommen, ohne bemerkt zu werden. Die Tänze vor der Jagd sollen die Geister der Tiere besänftigen und milde stimmen; erst dann würden sie den Jägern erlauben, ihre irdischen Körper zu töten.«[19] Bei dem Tanz kommen die Hirschgeister in der Dämmerung von den Bergen und aus den Wäldern in den Pueblo. Antilope, Dickhornschaf und Elch sind fast ausgestorben, aber durch die symbolische Darstellung existieren sie weiter – in Form von Tierschädeln, Fellen, Masken und kunstvollen Kostümen. Ihre Geweihe und Hufe gehören zum Kopfschmuck und werden auch an den Knierasseln der Tanzenden befestigt. Die Tänzer stampfen auf die Erde »... und beschreiben [damit] den pulsierenden Rhythmus der Erdumdrehung, ewige Wiederkehr der Zeit«.[20]

*RITUELLER TANZ DER INDIANER – DER KORBTANZ*

Dieser feierliche und besonders schöne Tanz, bei dem die Tänzer in langsamem Rhythmus hin und her schwanken und die Frauen Körbe tragen, denen magische Kraft zugesprochen wird, ist ein Gebet um Fruchtbarkeit, das sich nicht nur auf Nahrung bezieht, sondern auch auf die menschliche Rasse, die sich vermehren und das Geschenk des Lebens von Generation zu Generation weitergeben muß. Die Szenen, die bei diesem Ritual dargestellt werden, umschreiben das gesamte Wirken der Frau, die ihr Leben dem Großziehen von Kindern weiht und so das Fortbestehen des Lebens im Pueblo garantiert.

*FIESTA IN TAOS, NEW MEXICO*

Am Tag der Fiesta feiert jeder Pueblo seinen Ortsheiligen. Die Fiesta verbindet katholische Elemente – das Zelebrieren einer Messe und eine Prozession, bei der das Bild des Heiligen auf die Plaza getragen wird – mit ursprünglichen rituellen Tänzen. N. Scott Momaday erinnert sich an sein Erlebnis einer solchen Fiesta: »[Der Pueblo] Jemez wurde zu einer der märchenhaftesten Städte der Welt. In den vorangegangenen Tagen hatten die Frauen die Häuser frisch verputzt ... in dem gleißenden Licht glänzten sie hell und sauber wie blankes Horn ... gefärbte Maiskolben wurden an die Türen gehängt, und frische Wacholderzweige verstreut – ein exotischer Wohlgeruch hing in der Luft ...«[21]

*KRIEGSTANZ IM PUEBLO ZUNI, NEW MEXICO*

Der Tanz versinnbildlicht die Überfälle marodierender Navaho auf die Maisfelder der Zuni-Indianer.[22] Ein Kriegsruf und dessen Beantwortung geht jedem Gesang voraus; der Partei der angreifenden Navaho, gespielt von Zuni-Indianern, steht die Gruppe der Verteidiger gegenüber – einer spannt den Bogen, der nächste schwingt eine Streitaxt und wieder andere vollführen die Bewegung des Tomahawk-Schleuderns. Der Tanz feiert nicht nur den Mut der Zuni, sondern auch das ausgeprägte Selbstbewußtsein des Stammes, das sich in einer betont eigenständigen Lebensweise äußert, die sich – wie dieses Ritual – bis heute erhalten hat.

*Mais ist der Körper und die Seele des Pueblo-Lebens.*[23]
Leslie White (Anthropologe)

*MAISTÄNZER. RIO-GRANDE-PUEBLO*

Der Maistanz, *xoxeye,* ist eine wichtige Fruchtbarkeitszeremonie und eine inständige Bitte an die Wolken, großzügig Regen zu spenden. Wichtigstes Element der Aufführung ist das Darstellen der Wechselbeziehung zwischen den Emotionen des Tänzers, den Jahreszeiten und allen Aspekten der natürlichen Umgebung. Auf diesem Bild hält der Tänzer eine Kürbisrassel in seiner linken Hand; ihr Geräusch soll Regen anlocken. Der Tänzer ist mit Fichtenzweigen geschmückt und trägt einen »Speer« aus Fichtenholz. Das Ritual symbolisiert die Ordnung der Natur und den Sinn des Lebens; wenn es der Tänzer mit äußerster Geschicklichkeit ausführt, dann spürt der Indianer – nach den Worten John Colliers –, »daß er in unermeßliche Weiten erhoben ist, befreit von persönlichen Problemen, durchströmt von einer unbestimmten Freude und Leidenschaft und geborgen im immerwährenden Fließen der Stammesseele«.[24]

*INDIANISCHER MAISTANZ IN SANTA CLARA, NEW MEXICO*

Mais ist die Lebensgrundlage des Pueblo. Alle Pueblos am Rio Grande führen den Maistanz auf, normalerweise am Namenstag des Heiligen, nach dem die Spanier das Dorf benannt haben. Die Zeremonie ist ein einziger flehender Aufschrei nach Regen. Die Tänzer beschwören die Felder, Früchte zu tragen, und erinnern immer wieder daran, daß Leben Kraft bedeute. Die ganze Plaza wird zu einer farbenprächtigen Bühne, zu einem »immergrünen Meer voller Wolkenaltäre«, wenn die Tänzer nach einer rätselhaften Choreographie über den Platz stürmen und sich im Rhythmus der Gesänge und Trommeln bewegen.[25]

*SEGNUNG DER MAISZEREMONIE IN EINEM RIO-GRANDE-PUEBLO*

Nichts ist kunstvoller und malerischer in der Welt des Pueblo als die Ausstattung und die Formationen beim Maistanz. Kunst und Religion verbinden sich hier in einer überwältigenden Prachtentfaltung von Farben und geometrischen Mustern, die die Frühlingsstimmung ausdrücken.

Der Ursprung des Tanzes ist in der mythologischen Welt der Pueblo-Indianer zu suchen. Als Iatiku, eine Manifestation der Mutter Erde dieses Pueblo, bei ihrem Aufstieg aus der Unterwelt ihren Kindern das Geschenk des Mais versprach, sagte sie: »Nehmt dieses Korn. Es ist mein Herz. Es soll euch wie Milch aus meinen Brüsten sein.«[26] Auch heute noch erhält jeder junge Hopi bei seiner Initiation in die Männergesellschaft einen Maiskolben, den er ab jetzt »meine Mutter« nennt, denn »die Hopi sagen, daß ihr Volk sein Leben aus dem Mais empfängt wie ein Kind aus seiner Mutter.«[27]

*MAISTANZ IN EINEM RIO-GRANDE-PUEBLO, NEW MEXICO*

Ein Pueblo-Bauer sagt über die Bedeutung, die die Maisfelder für das Leben seines Volkes haben: »Wir beschwören den sprießenden Mais mit Gesängen, sich zu beeilen und genauso hoch zu werden und so schnell zu wachsen wie die anderen Pflanzen, die ihnen voraus sind. Wir *denken* an unsere Maisfelder, an unser Getreide, und wir vernachlässigen es nicht. Sie sind ein Teil unseres Lebens. Wir hören nicht auf, die Pflanzen zu ermutigen; wir singen, damit sie schneller wachsen und damit die Kinder und der ganze Stamm reichlich zu essen haben.«[28] Der Maistanz wird auch als Tablita- und Erntetanz bezeichnet. Auf diesem Bild tragen die Frauen die für den Tanz charakteristische *tablita* (das spanische Wort für »kleines Brett«) auf ihrem Kopf; in die Bretter sind Mesas und Wolken eingeschnitzt, um den Regen zu beschwören.

*MAISTANZ IM PUEBLO SANTA CLARA, NEW MEXICO*

Wie alle indianischen Tänze ist auch der Maistanz »Ausdruck eines zutiefst menschlichen Bedürfnisses nach Schönheit, deren Bekämpfung und Zerstörung die moderne Zivilisation so unermüdlich betreibt«.[29] Er ist ein überaus eindrucksvolles Zusammenspiel von Farbe, Gesang und Bewegung, in dem der Rhythmus der Erde und der Wechsel der Jahreszeiten mitschwingen, ein heiliges Schauspiel und ein Fest der Schönheit, das zugleich Abbild und Antwort auf die umgebende Natur ist. Der rituelle Tanz – sofern die Zeremonie »mit höchster Perfektion ... durchgeführt wird« – bindet die einzelnen Stammesmitglieder zu einer harmonischen Gemeinschaft Gleichgesinnter zusammen, die sich »mit dem Universum vereinigte ... ihm Bedeutung und Kraft verlieh.«[30]

# Anmerkungen

1 Zitiert in: Stewart L. Udall, *The Quiet Crisis.* New York 1963, S. 3
2 Zitiert in: Maria F. Mahoney, *The Meaning of Dreams and Dreaming.* Secaucus, N.J., S. 240
3 Zitiert in: Gilbert Harrison (Hrsg.), *Gertrude Stein's America.* Washington 1965, S. 48
4 Perry Miller, *Nature's Nation.* Cambridge, Mass., 1967, S. XV. Miller war davon überzeugt, daß es ein »complex fate«, ein vielschichtiges Los sei, Amerikaner zu sein, wie Henry James es einmal ausdrückte. Seiner Ansicht nach war es ein erstaunliches Erlebnis. »Amerikaner ist man nicht von Geburt her, man wird es«, sagt er und fährt fort: »Derjenige, der die Persönlichkeit Amerikas auf ein ewiges, unveränderliches Schema festlegen will, versteht nicht nur überhaupt nichts davon, wie eine Persönlichkeit geformt wird, er begreift auch nicht, wie diese Nation es so weit gebracht hat.« (*Nature's Nation,* Einleitung von Kenneth B. Murdock, S. XIV f.)

## EINFÜHRUNG

1 William Webb und Robert A. Weinstein, *Dwellers at the Source.* New York 1973, S. 89
2 John Collier, *Indians of the Americas: The Long Hope.* New York 1947, S. 7
3 Zitiert in: Amy Clampitt, *The Kingfisher.* New York 1983, S. 62
4 Nach dem Originaldialog aus Samuel Taylor, *Sabrina Fair: A Comedy in Four Acts.* New York 1955, S. 58

## KOLLEKTIVE VORSTELLUNGSWELT UND PRIMITIVE KULTUR

### DAS KULTURELLE PHÄNOMEN EISENBAHN: AUFRUF ZU EINEM NEUEN PATRIOTISMUS

1 Arthur S. Link, David W. Hirst, John E. Little et al. (Hrsg.), *The Papers of Woodrow Wilson,* 54 Bde. Princeton 1966ff., Bd. 42, S. 74
2 Flann O'Brien, *The Third Policeman.* London 1974, S. 134
3 Vgl. Robert S. Berkhofer, *The White Man's Indian.* New York 1979
4 Herman Melville, *Billy Budd, Sailor and Other Stories.* Harmondsworth 1967, S. 105
5 Walt Whitman, *Specimen Days & Collect.* Philadelphia 1882–1883, S. 139
6 »Poem XLIII« in: *Poems by Emily Dickinson.* Hrsg. von Martha Dickinson Bianchi und Alfred Leete Hampson. Boston 1952, S. 22
7 Ralph Waldo Emerson, *Journals and Miscellaneous Notebooks.* Cambridge, Mass., 1964, Bd. 8, S. 335
8 Zitiert in: Barbara Novak, *Nature and Culture: American Landscape and Painting, 1825–1875.* New York 1980, S. 169
9 Hart Crane, *The Bridge.* New York 1930, S. 25f.
10 Thomas Wolfe, »Dunkel im Walde, fremd wie die Zeit« in: Thomas Wolfe, *Sämtliche Erzählungen* (Übers. von Hans Schiebelhuth). Reinbek 1967, S. 96f.
11 Charles Dickens, »Mugby Junction« in: Charles Dickens, *Christmas Stories.* London 1866. T. 2, S. 147
12 Paul Verlaine, »Das gute Lied« in: Paul Verlaine, *Die frühen Zyklen* (Übers. von Richard Berger). München 1980, S. 52
13 Zitiert in: Wolfgang Schivelbusch, *Geschichte der Eisenbahnreise. Zur Industrialisierung von Raum und Zeit im 19. Jahrhundert.* Frankfurt/M., Berlin und Wien 1979, S. 54. Wie man sieht, änderte sich Hugos Einstellung zur Eisenbahn von einer strikten Ablehnung (»c'est fort laid«) zu einer nachsichtigen Inkaufnahme der neuen Erfindung.

### DIE WILDNIS UND DER GEIST AMERIKAS

1 Henry David Thoreau, »Walking« in: Henry David Thoreau, *Excursions.* New York 1962, S. 185 (Erstausgabe 1863). Thoreau war einer der ersten Naturschützer. Schon 1858, also zehn Jahre bevor der Kongreß Yellowstone zum ersten Nationalpark deklarierte, stellte Henry David Thoreau den Antrag, »nationale Reservate [zu schaffen], in den Bären und Pumas und ähnliche Raubtiere auch weiterhin existieren können und nicht vom Erdboden ›wegzivilisiert‹ werden – nicht für den Freizeitsport oder als Nahrungsquelle, sondern um sich zu erfreuen und wirklich zu erholen.« (Zitiert in: Udall, *The Quiet Crisis,* a. a. O., S. 51)
2 Edgar Allan Poe, »Der Elch« in: Edgar Allan Poe, *Das gesamte Werk in 10 Bänden.* Deutsch von Arno Schmidt und Hans Wollschläger. Herrsching 1966, Bd. 4, S. 549f.
3 W.B. Yeats, »Emotion of Multitude« in: W.B. Yeats, *Essays and Introductions.* New York 1961, S. 215
4 Zitiert in: David M. Steele, *Going Abroad Overland: Studies of Places and People in the Far West.* New York und London 1917, S. 38
5 Pierre M. Irving, *The Life and Letters of Washington Irving,* 3 Bde. New York 1873, Bd. 1, S. 13f. (Zitiert in: Hans Huth, *Nature and the American: Three Centuries of Changing Attitudes.* Berkeley und Los Angeles 1957; Lincoln 1972, S. 37)
6 Zitiert in: Huth, *Nature and the American,* a. a. O., S. 29
7 Näheres zur kulturellen Bedeutung der Eisenbahn findet man in *The Machine in the Garden,* dem bahnbrechenden Werk von Leo Marx über das unbarmherzigste Symbol der Macht im 19. Jahrhundert. Vgl. auch Novak, »Man's Trace: Axe, Train, Figure«, Kap. 8 in: Novak, *Nature and Culture, a. a. O.*
8 Archibald MacLeish, »Wildwest« in: Archibald MacLeish, *Collected Poems, 1917–1952.* Boston 1952, S. 70
9 Gifford Pinchot, *Breaking New Ground.* New York 1947, S. 23
10 In *The Book of the Telegraph* schreibt Daniel Davis, daß die Telegraphie ursprünglich entwickelt wurde, »um den Eisenbahnverkehr zu regulieren, [daß sie sich aber] um die Mitte des 19. Jahrhunderts verselbständigte und zu einem unabhängigen Kommunikationsmittel wurde. Dennoch existierten beide auch weiterhin buchstäblich Seite an Seite ... die Telegraphendrähte ›tanzten‹ vor den Augen der Eisenbahnreisenden.« (Daniel Davis, *Book of the Telegraph.* Hrsg. von Daniel Davis. Boston 1851). Im gleichen Jahr, als die kommerzielle Telegraphie in Amerika eingeführt wurde, 1844, erschien auch Kierkegaards »Der Begriff der Angst«.
11 Zitiert in: Brain O'Doherty, *American Masters.* New York 1972, S. 33
12 Zitiert in: T.C. McLuhan, *Touch the Earth.* New York 1971, S. 15. Die Wintu-Indianer in Kalifornien lebten in einem sehr waldreichen Gebiet, wo es sogar schwierig war, freies Gelände für den Häuserbau zu finden. »Dennoch«, schrieb die Anthropologin Dorothy Lee, »verwendeten sie aus Ehrfurcht vor der Natur nur dürres Holz als Brennmaterial.« Das vollständige Zitat demonstriert eindrucksvoll die Sorge der alten Wintu-Frau angesichts der sinnlosen Zerstörung des Landes, in dem sie lebte; eine Gegend, in der durch Goldschürfen – insbesondere durch den hydraulischen Abbau – der Boden zerstört worden war:
»Der weiße Mann hat sich nie um das Land oder den Hirsch oder den Bären gekümmert. Wenn wir Indianer ein Tier töten, dann essen wir es ganz auf. Wenn wir nach Wurzeln graben, machen wir nur kleine Löcher. Wenn wir Häuser bauen, machen wir nur kleine Löcher. Wenn wir wegen der Heuschrecken Gras verbrennen, zerstören wir nichts. Eicheln und Kiefernzapfen schütteln wir vom Baum, wir schlagen ihn nicht um. Wir verwenden nur abgestorbenes Holz.

Aber der weiße Mann reißt den Boden auf, fällt die Bäume, tötet alles. Der Baum sagt: ›Tu's nicht. Das tut mir weh. Verletze mich nicht.‹ Aber sie fällen ihn und schneiden ihn in Stücke. Der Geist des Bodens haßt die Weißen. Sie reißen die Bäume mitsamt den Wurzeln aus. Sie zersägen sie. Das tut ihnen weh. Die Indianer verletzen nie etwas, aber die Weißen zerstören alles. Sie sprengen den Felsen und verstreuen die Stücke auf dem Boden. Der Felsen sagt: ›Tu's nicht. Du tust mir weh.‹ Aber der weiße Mann achtet nicht darauf. Wenn Indianer Steine brauchen, nehmen sie kleine, runde für ihre Feuerstelle ... Wie könnte der Geist der Erde den weißen Mann lieben? ... Überall, wo der weiße Mann sie berührt hat, ist sie unfruchtbar.«

13 Baudelaire war einer der ersten, der diesen Zustand des Unbehagens als eine Folgeerscheinung der Industrialisierung beschrieb. Er sagte von den Menschenmassen in den Städten, sie seien »... wie umherirrende, heimatlose Gespenster, die beständig klagen«. Viele suchten damals nach einer neuen Bestätigung der Unantastbarkeit allen Lebens. (Zitiert in: John Berger: *And Our Faces, My Heart, Brief As Photos.* New York 1984, S. 63)

14 Robert Browning, *Home Thoughts from Abroad,* Strophe 2, in: *The New Oxford Book of English Verse, 1250–1950.* Ausgew. und hrsg. von Helen Gardner. New York und Oxford 1972, S. 661

DIE SANTA-FÉ EISENBAHN:
DIE ENTSTEHUNG EINER NEUEN IMAGE-INDUSTRIE

1 Ralph Waldo Emerson, »The Young American« in: Ralph Waldo Emerson, *Nature, Addresses and Lectures.* Boston und New York 1903, S. 364

2 »Die Santa-Fé-Eisenbahngesellschaft warb aber auch für die Stadt selber. F.G. Gurley, Präsident der Santa Fé, äußerte später einmal: ›Das Geschäftsleben in New Mexicos Hauptstadt hatte natürlich einen gewissen Einfluß auf die Organisation unserer Eisenbahngesellschaft, und von der Hauptstadt haben wir ja auch unseren Namen.‹« (Marta Weigle und Kyle Fiore, *Santa Fé and Taos: The Writer's Era. 1916–1941.* Santa Fé 1982, S. 15)

3 William DeHertburn Washington, *Progress and Prosperity.* New York 1911

4 Arrell Morgan Gibson, *A Visual Feast.* Chicago 1983. Ausstellungskatalog Santa Fé Railway Company Collection of Southwestern Art.

5 Albert Bigelow Paine, *Mark Twain's Letters.* 2 Bde. New York und London 1917, Bd. 1, S. 54

6 Zitiert in: *The Santa Fe Magazine* 27, Nr. 8. Juli 1933, S. 44

7 Edward Hungerford, »A Study in Consistent Railroad Advertising«, in: *The Santa Fe Magazine* 17, Nr. 4. März 1933

8 Charles F. Lummis, »The Artist's Paradise II«, in: *Out West 29,* September 1908, S. 191

9 Zitiert in: Robert Taft, *Artists and Illustrations of the Old West, 1850–1900.* New York 1953, S. 242

10 Zitiert in: *American Heritage 27,* no. 2. Februar 1976, S. 59. Aufschlußreich für die wechselseitige Unterstützung der Santa-Fé-Eisenbahngesellschaft und der Taos-Künstler ist Keith L. Bryant, Jr., »The Atchison, Topeka and Santa Fe Railway and the Development of the Santa Fe and Taos Art Colonies« in: *The Western Historical Quarterly.* Oktober 1978

11 Mit der Ankündigung eines neuen Pullman-Zuges – »extra schnell – extra schön« –, des *Chief* (»Häuptling«), am 14. November 1926 verdoppelte die Atchison-, Topeka- und Santa-Fé-Eisenbahngesellschaft ihre Anstrengungen, dem Unternehmen einen Hauch von »Snob-Appeal« zu geben; es kam in Mode, mit dem »Häuptling« nach Los Angeles zu reisen. Der Historiker Keith L. Bryant schreibt: 1928 »kamen neue Bar-/Lesewagen und Speisewagen dazu, die wie die früheren ›Santana‹, ›Alter Wolf‹ und ›Geronimo‹ hießen.« 1936 wurde der *Super Chief* (»Oberhäuptling«) in Betrieb genommen; er war von Anfang an »das Lieblingskind« der ATSF. Der Zug wurde von Mrs. Eddie Cantor, ihren Töchtern und der Schauspielerin Eleanor Powell getauft. Der *Super Chief* war mit indianischen Motiven verziert – die einzelnen Waggons waren in den Farben des Südwesten bemalt und trugen die Namen von indianischen Städten. »Die Schlafwagen«, fährt Bryant fort, [hießen] »›Isleta‹, ›Taos‹, ›Oraibi‹ und ›Laguna‹... Im Aussichts-Schlafwagen ›Navaho‹ wurde das indianische Element dadurch betont, daß man den Plafond mit Türkis auslegte; die Lampenschirme waren aus Ziegenleder; Sandbilder hinter Glas wurden ausgestellt, und die Sessel waren mit Stoffen mit Navaho-Motiven bezogen.« Auch jetzt konnte man nur mit dem »Häuptling« in den Westen fahren. (Keith L. Bryant, Jr., *History of the Atchison, Topeka and Santa Fe Railway.* New York 1974, S. 334, 339, 340–42)

12 Hier einige Beispiele für diesen »Zeitgeist«. Ein Lokführer erinnert sich an sein Leben, das er ganz der Aufgabe gewidmet hatte, eine Lokomotive zu lenken und zu warten: »Als ich Lokführer wurde, war der Führerstand für mich wie ein Märchenland, eine Art heiliger und geheimnisvoller Raum, den man nur voller Ehrfurcht betreten durfte ... Es hat etwas Zauberhaftes an sich, bei jedem Wetter zu arbeiten, unter dem Sternenhimmel dahinzufahren und die Herrlichkeiten der Nacht zu betrachten, an Farmen und Feldern vorbeizugleiten, die in Mondlicht getaucht sind, oder zu sehen, wie Sternschnuppen im Himmel aufleuchten; bei stürmischem Wetter zu arbeiten, wenn einem Wind und Regen wie Messer ins Gesicht schneiden, sobald man sich aus dem Führerstand beugt, und ab und zu das Pfeifen der Lokomotive durch das Brausen des Sturmes zu hören, während Blitze über den Himmel zucken und der Donner grollt. Manchmal ist es auch neblig, und das ›was ist, wenn ...‹ geht einem ständig durch den Kopf.« (»Impressions of an Engineman« in: *The Santa Fe Magazine* 2, Nr. 2. Januar 1908, S. 93f.)
Der französische Anthropologe Claude Lévi-Strauss bringt in seinem Bericht über eine seiner ersten Begegnungen mit indianischer Kultur eine ähnlich romantische Einstellung zum Ausdruck: »... ein verzauberter Ort, wo die Träume der Kindheit sich einfinden, wo jahrhundertealte Baumstämme singen und sprechen, wo rätselhafte Gegenstände den Betrachter mit dem ängstlichen Blick menschlicher Gesichter anblicken, wo Tiere voll übermenschlicher Sanftmut ihre kleinen Pfoten wie Hände falten zum Gebet darum, den Palast des Bibers für den Auserwählten errichten, ihn in das Reich der Otter geleiten oder ihn durch die Kraft eines mystischen Kusses die Sprache des Frosches oder des Eisvogels lehren zu dürfen.« (Zitiert in: Allen Wardwell, *Objects of Bright Pride, 32.* Ausstellungskatalog. Veröffentlicht vom Center for Inter-American Relations and the American Federation of Arts. Washington 1978)

13 Zitiert in: Hungerford, »A Study in Consistent Railroad Advertising«, a.a.O., S. 47

DIE ALMANACH-KUNST DER
SANTA-FÉ-EISENBAHNGESELLSCHAFT

1 Zitiert in: Weigle und Fiore, *Santa Fe and Taos,* a.a.O., S. 17

2 Zitiert in: Huth, *Nature and the American,* a.a.O., S. 187

3 Zitiert in: Keith L. Bryant, Jr., »The Origins and Development of the Santa Fe Railway Collection of Western Art« in: *Standing Rainbows.* Ausstellungskatalog 1981

4 Zitiert in: Van Deren Coke, *Taos and Santa Fe: The Artist's Environment 1882–1942.* Albuquerque 1963, S. 25

5 Zitiert in: Arrell Morgan Gibson, *The Santa Fe and Taos Colonies: Age of the Muses, 1900–1942.* Norman 1983, S. 23

6 Zitiert in: Kay Aiken Reeve, *The Making of an American Place: The Development of Santa Fe and Taos, New Mexico, as an American Cultural Center, 1898–1942.* Dissertation, Texas A & M University 1977, S. 145

7 Zitiert in: Coke, *Taos and Santa Fe,* a.a.O., S. 17

8 Zitiert in: Fred S. Bartlett, *Walt Kuhn.* Ausstellungskatalog (The Amon Carter Museum of Western Art and the Colorado Springs Fine Arts Center, 1964)

9 Zitiert in: Coke, *Taos and Santa Fe,* a.a.O., S. 32

10 Zitiert in: Gibson, *The Santa Fe and Taos Colonies,* a.a.O., S. 23

11 Zitiert in: Coke, *Taos and Santa Fe,* a.a.O., S. 34

12 Die Gedichte Simpsons waren bei den Künstlern von Santa Fé und Taos sehr beliebt. »Hopi Love Songs or You« entstammt einem Sammelband mit Simpsons Gedichten, der 1929, ein Jahr vor seinem Tod, erschien. (*Along Old Trails: Poems of New Mexico and Arizona.* Boston und New York 1929)
»War's eine Flöte
an der Quelle,
die ich hört'?
Oder das Huschen von Mokassins

auf jenem Pfad,
das ich hört'?
Oder du,
in meinem wundersamen Sehnen?«

13 Coke: *Taos and Santa Fe,* a.a.O., S. 59
14 Korrespondenz der Atchison-, Topeka- und Santa-Fé-Eisenbahngesellschaft. Simpson an Couse, 17. März 1925
15 Ebd., 29. Januar 1925
16 Ebd., 19. November 1931
17 Ebd., 10. Februar 1927
18 Ebd., 19. November 1931
19 Ebd., Couse an Simpson, 14. Dezember 1931
20 Ebd., Simpson an Couse, 10. Februar 1927
21 Zitiert in: Coke, *Taos and Santa Fe,* a.a.O., S. 61
22 Zitiert in: Gibson, *The Santa Fe and Taos Colonies,* a.a.O., S. 57

DIE GROSSE AMERIKANISCHE SYNTHESE: TECHNOLOGIE UND KULTUR

1 Berger, *And Our Faces, My Heart, Brief As Photos,* a.a.O., S. 87
2 Zitiert in: Susan Sontag, *On Photography.* New York 1973, S. 207
3 Zitiert in: Beaumont Newhall und Diana E. Edkins, *William H. Jackson.* New York und Fort Worth 1974, S. 136
4 Ebd., S. 136. 1902 wurde in einem Artikel in der Zeitschrift *Photo-Miniature* beschrieben, daß »ein Eisenbahnphotograph unzählige Pflichten hat – dazu gehört das Photographieren von Brücken, Tunnels, Bahnhöfen, Stellwerken, Rangiergleisen und überhaupt der verschiedenen technischen Anlagen entlang der Strecke. Außerdem muß er ständig abrufbereit sein. Wenn ein Zugunglück passiert, wird der Photograph sofort an den Ort des Geschehens gebracht und muß aus allen erdenklichen Blickwinkeln Aufnahmen für die Beamten der Eisenbahn oder für's Gericht machen ...
Für den Personenverkehr braucht man außerdem Photographien von Sehenswürdigkeiten entlang der Strecke. Das bedeutet, daß man Landschaftsaufnahmen machen muß: verschiedene Streckenabschnitte und malerische Plätze, Ausflugsorte, Obstplantagen und Farmen, Bergwerke und Fabriken, Städte, durch die der Zug fährt, und andere Stellen, die an der Strecke liegen und für den Reisenden von Interesse sein könnten.« (*Photo-Miniature* 4. April 1902 bis März 1903, S. 565)
5 Ebd., S. 146
6 Ebd., S. 136
7 Ebd., S. 21
8 Ebd., S. 148
9 Ebd., S. 149
10 Mrs. E. H. Kemp, »Photographers in the Hopi Land«, *Camera Craft Magazine* 2. 1905, S. 247
11 Zitiert in: Hungerford, *A Study in Consistent Railroad Advertising,* a.a.O., S. 44
12 *The Santa Fe Magazine* 11, Nr. 1. Dezember 1916, S. 47
13 »Eating Houses in Hard Luck«, in: *The Santa Fe Magazine* 1, Nr. 2. Januar 1907, S. 51. Die Unsitte, unterschiedslos von allem und jedem »Schnappschüsse« zu machen, veranlaßte Samuel Butler, der die Menschen sehr genau beobachtete, zu der Klage, daß »hinter jedem Busch ein Photograph [war], der wie ein brüllender Löwe umherstreifte, um zu sehen, wen er verschlingen könnte«. Aber auch wenn ein solcher Schnappschuß keine besonderen ästhetischen Qualitäten aufwies, so machte er doch bei den Freunden und Verwandten der zurückgekehrten Reisenden Eindruck und weckte die Neugierde auf fremde Gegenden.
John Turner und Louis Ash stellten jedoch in *The Golden Hordes* fest, daß das Prinzip des Erinnerungsbildes schon lange vor Erfindung der Photographie existierte; in: *International Tourism and the Pleasure Periphery.* London 1975. »Der vornehme Reisende [des 18. Jahrhunderts] posierte in Rom, um sich vor einem kulturell bedeutsamen Hintergrund, etwa dem Kolosseum oder dem Forum, umgeben von idyllischen Zypressen, porträtieren zu lassen. Wie man sich vorstellen kann, entwickelte sich die Anfertigung solcher Erinnerungsporträts in Rom zu einer kleinen Industrie und war eine willkommene Einkommensquelle nicht nur für einheimische, sondern auch fremde Künstler, die nach Rom gekommen waren, um die großartigen Denkmäler der Geschichte an Ort und Stelle zu studieren.« (Turner und Ash, *The Golden Hordes,* a.a.O., S. 40)

DAS ZEITALTER DER LATERNA MAGICA: ABENTEUERLICHE ZWISCHENSPIELE IN LIFE UND FARBE

1 D.H. Lawrence, »New Mexico«, in: *Phoenix I: The Posthumous Papers of D.H. Lawrence.* Hrsg. von Edward D. McDonald. London 1936; New York 1939, S. 141
2 Zitiert in: Pierre Schneider, *Matisse.* Rizzoli International Publications 1984, S. 209
3 Projektionsapparate dieser Art gibt es seit mindestens dreihundert Jahren. Die Erfindung wird im allgemeinen einem deutschstämmigen Jesuiten, Athanasius Kircher, zugeschrieben, der am Collegio Romano unterrichtete und u.a. ein Hörrohr und eine einfache Rechenmaschine erfunden hat. 1646 beschreibt Kircher in seinem Buch *Ars magna lucis et umbrae* eine Art Laterna magica. Aber erst um 1790 wurden Vorführungen vor einem größeren Publikum möglich. Bis dahin konnten sich immer nur kleine Gruppen diese Bilder ansehen, da die Lichtquelle sehr schwach war. Dieses Problem wurde durch eine Verbesserung der Dochte und Reflektoren gelöst; die Öllampen strahlten jetzt ein helleres Licht ab. (Robert Eskind, *Magic Lantern: From Rome to Manchester.* Unveröffentlichtes Manuskript, 28. April 1978)
4 In einem alten Wörterbuch wird die Laterna magica als »ein kleiner optischer Apparat« definiert, »der bei trübem Licht auf einer Wand Monster zeigt, die so abscheulich sind, daß alle, die das Geheimnis nicht kennen, glauben, es handele sich um Zauberei!« Zauberei in der Tat. Denn obwohl wahrscheinlich die meisten Leute schon Zeichnungen von solchen Ungeheuern gesehen hatten, so waren für sie doch die leuchtenden und soz. freischwebenden Bilder, die von der Laterna magica an die Wand projiziert wurden, etwas völlig Neues. (*The Optical Magic Lantern Journal and Photographic Enlarger, June, 1889 – May, 1890,* Bd. 1, Nr. 2, 15. Juli 1889, S. 16
5 Robert Eskind, »Transparent Transformations«, in: *Exposure* 21, Nr. 2. 1983, S. 16
6 *The Optical Magic Lantern Journal and Photographic Enlarger, June, 1889 – May, 1890,* Bd. 2, Nr. 28, 1. September 1891, Anmerkung
7 Eskind, »Transparent Transformations«, a.a.O., S. 17
8 *The Optical Magic Lantern Journal and Photographic Enlarger, June, 1889 – May, 1890,* Bd. 1, Nr. 6, 15. November 1889, S. 46
9 Die Erfinder der Photographie waren sich der Grenzen der Schwarzweißphotographie durchaus bewußt. 1816 schrieb Joseph Nicephore Niépce: »Ich muß irgendeine Möglichkeit finden, auch die Farbe auf der Platte festzuhalten; das beschäftigt mich zur Zeit, und es ist das größte Problem. Ohne sie hätte das Ganze keinen Wert.« Die Farbphotographie wurde jedoch erst mit der Erfindung des Autochromplattenverfahrens zu Beginn des 20. Jahrhunderts möglich. Aufgrund technischer Schwierigkeiten und der hohen Produktionskosten wurde dieses Verfahren jedoch nur selten angewandt. Noch jahrzehntelang blieben diese Probleme ungelöst, bis neue Entwicklungen in der Photochemie die Voraussetzungen für die Herstellung preiswerter Filme schufen, die Farben naturgetreu wiedergaben. (Zitiert in: Adrian Bailey und Adrian Holloway, *The Book of Color Photography.* New York 1979, S. 18)
10 »Coloring Photographs«, in: *Photo-Miniature* 4, Nr. 44. November 1902, S. 357
11 Telephongespräch der Autorin mit Howard Fast am 9. April 1984

AUSFLUG IN DAS LAND DER INDIANER

1 Zitiert in: Weigle und Fiore, *Santa Fe and Taos,* a.a.O., S. 17
2 D.H. Lawrence, »New Mexico«, in: *Phoenix I,* a.a.O., S. 147. »New Mexico« wurde erstmals 1929 in *Survey Graphic* veröffentlicht (s. Weigle und Fiore, a.a.O., S. 19). D.H. Lawrence war begeistert von seinen relativ kurzen Aufenthalten in Taos (1922/23 und 1924/25). Wortgewaltig beschrieb er, welchen Eindruck die Indianer und das Land auf einen Engländer machten.
3 Zitiert in: D.H. Thomas, *The Southwestern Indian Detours.* Phoenix 1978, S. 46
4 Ebd., S. 47
5 Ebd., S. 52

6 Zitiert in: Albert D. Manchester, »Couriers, Dudes, and Touring Cars«, in: *New Mexico Magazine.* Juni 1982, S. 46
7 Ebd., S. 46
8 Thomas, *The Southwestern Indian Detours,* a. a. O., S. 297–302
9 Manchester, »Couriers, Dudes, and Touring Cars«, a. a. O., S. 41
10 Zitiert in: Thomas, *The Southwestern Indian Detours,* a. a. O., S. 48
11 Thomas, ebd., S. 252
12 Zitiert in: ebd., S. 196
13 Ebd., S. 196
14 Zitiert in: ebd., 201 f.
15 Ebd., S. 249
16 Harry C. James, *Pages from Hopi History.* Tucson 1974, S. 182
17 Edward T. Hall, *The Silent Language.* New York 1959; 1973, S. 31
18 Mary McCarthy, *Birds of America.* New York 1965, S. 281
19 Zitiert in: Thomas, *The Southwestern Indian Detours,* a. a. O., S. 281
20 Weiterhin erzählt Sloan vom »Ausflug in das Land der Indianer«: »Busse kutschieren die Touristen herum, damit sie sich indianische Tänze ansehen können; es sind dies religiöse Zeremonien, die natürlich von den Leuten nicht als solche verstanden werden.« Zitiert in: Peter Morse, John Sloan's Prints: *A Catalog Raisonné of the Etchings, Lithographs and Posters.* New Haven 1969, S. 255 f. John Sloan kam 1919 nach Santa Fé und wurde bald eine der führenden Persönlichkeiten in der Künstler- und Schriftsteller-Kolonie. Außer im Jahre 1950 verbrachte er jeden Sommer dort. Er hatte sich auf zeitgenössische indianische Malerei spezialisiert und organisierte zusammen mit Kollegen aus Santa Fé die erste große nationale Ausstellung indianischer Stammeskunst. Auf seinen eigenen Bildern und Zeichnungen geht es ihm um die Betonung der kulturellen Vielfalt New Mexicos – indianische Fiestas und Zeremonien, spanische Frauen und die überwältigende Landschaft.

## ABENTEUERREISE MIT KOMFORT

1 Zitiert in: Turner und Ash, *The Golden Hordes,* a. a. O., S. 28
2 Stéphane Mallarmé, *Sämtliche Gedichte.* Deutsche Übertragung von Carl Fischer. Heidelberg 1957, S. 44 f.
3 »Gertrude Stein begeistert von den USA, aber nicht von Kalifornien!« Diese Schlagzeile erschien, als Gertrude Stein in einem Interview gefragt wurde, welche Empfindungen sie hatte, als sie nach fast vierzig Jahren wieder nach San Francisco zurückkehrte.
4 Zitiert in: George Young, *Tourism: Blessing or Blight?* Harmondsworth 1973, S. 39
4a Henry David Thoreau, *Leben ohne Grundsätze.* Aus dem Amerikanischen übersetzt von Philipp Wolff-Windegg. Stuttgart 1979, S. 100 f.
5 Archibald MacLeish, *America was Promises.* New York 1939
6 Inserat der Santa Fé, in: *Camera Craft* 10 und 11. 1905
7 Zitiert in: Earl Pomeroy, *In Search of the Golden West: The Tourist in Western America.* New York 1957, S. 62
8 Zitiert in: Gray Paul Nabhan, *The Desert Smells Like Rain.* San Francisco 1982, S. 27. Das Zitat ist Teil einer Unterhaltung zwischen einem kleinen Jungen aus der Stadt und der Papago-Frau Marquita. Marquita erklärte dem Jungen geduldig, daß Saguaros genauso verwundbar sind wie Menschen; er hatte sie, da er keine Pflückstange hatte, gefragt, ob er die Kakteenfrüchte mit Steinwürfen abernten könnte.
9 Pomeroy, *In Search of the Golden West,* a. a. O., S. 39
10 Zitiert in: Thomas, *The Southwestern Indian Detours,* a. a. O., S. 139
11 Steele, *Going Abroad Overland,* a. a. O., S. 31
12 Erna Fergusson, » Crusade from Santa Fé«, in: *North American Review* 242. 1936, S. 377 f.
13 Edw. P. Dozier, *The Pueblo Indians of North America.* New York 1972, S. 52
14 Zitiert in: *Bandelier National Monument.* Santa Fé 1980, S. 20. Aus: Adolph F. Bandelier, *Southwestern Journals,* 1880–1882
15 Das Bild ruft eine fast quälende Melancholie des Gewöhnlichen hervor – direkte Folge des zunehmenden Profitdenkens im Tourismusbetrieb, das sich seit Beginn dieses Jahrhunderts bemerkbar machte. H. L. Mencken faßt dies in der Bemerkung zusammen, daß man »gar nicht genug übertreiben kann, sobald vom schlechten Geschmack der Amerikaner die Rede ist«.
16 Thomas Merton, *The Collected Poems of Thomas Merton.* New York 1946, S. 2
17 Pomeroy, *In Search of the Golden West,* a. a. O., Frontispiz. Aufgrund der physikalischen Extreme und damit der verschiedensten klimatischen Zonen – von Wüstengebieten bis zum Hochwald – ist die Ökologie im Canyon sehr vielfältig. Der Canyon ist 445 Kilometer lang, im Durchschnitt 16 Kilometer breit und etwa 1600 Meter tief und damit die tiefste Schlucht auf der ganzen Welt. Auf diesem Bild sehen wir Nadelwald mit Kiefern und Föhren, die charakteristisch sind für den Grand View Point, ein beliebtes Ausflugsziel am südlichen Rand des Canyon. Wacholderbüsche, eine seltene Art von Rotluchs, der Maultierhirsch und Coyoten sind typisch für diese Region.
18 Zitiert in: *The Sacred Path.* Hrsg. von John Bierhorst. New York 1983, S. 65. Bierhorst schreibt: »Die Eingeborene, die uns davon erzählte, Madelaine Charkey, erklärte uns, daß dieses Lied ein ›Ausdruck der Lebensfreude‹ sei.«
19 Zitiert in: Pomeroy, *In Search of the Golden West,* a. a. O., S. 203
20 Zitiert in: *Captain John Hance of the Grand Canyon of Arizona* (mit dem Einverständnis der University of Arizone von der Santa-Fé-Eisenbahngesellschaft veröffentlicht).
21 Zitiert in: Pomeroy, *In Search of the Golden West,* a. a. O., Frontispiz
22 Charles H. Coe, *Juggling a Rope.* Pendleton, Oregon, 1927, S. 77–80
23 Eine anschauliche Schilderung des Lebens von Mary Jane Colter gibt Virginia L. Gratten, *Mary Colter: Builder upon the Red Earth.* Flagstaff, Arizona, 1980. Mary Jane Colter, eine Lehrerin aus St. Paul, Minnesota, wurde 1902 Architektin, Designerin und Innenarchitektin bei der Fred-Harvey-Gesellschaft. Zu den wichtigsten Gebäuden im Grand Canyon, die sie entworfen hat, zählen die Phantom Ranch, Hermit's Rest, Lookout Studio, Bright Angel Lodge, das Hopi-Haus und der Watchtower (Aussichtsturm). Mary Jane Colter »kannte sich in der indianischen Kultur aus und hatte Phantasie«, sagte Fred Harvey. Alle ihre Entwürfe – Reminiszenzen an eine Zeit – gehen von der Geschichte des Landes aus.
24 John Wesley Powell, *The Exploration of the Colorado River.* Chicago 1957, S. 95 (Erstausgabe 1875)
25 Zitiert in: Peter Hassrick, *The Way West.* New York 1984, S. 136
26 D. H. Lawrence, »Beyond the Rockies«, in: *Laughing Horse,* Nr. 13. Santa Fé April 1926, S. 10
27 Zitiert in: Pomeroy, *In Search of the Golden West,* a. a. O., S. 37
28 Zitiert in: Coke, *Taos and Santa Fé,* a. a. O., S. 23
29 Zitiert in: James Marshall, Santa Fé: *The Railroad That Built an Empire.* New York 1945, S. 193 f.
30 Willa Cather, *The Song of the Lark.* Boston 1943, S. 102
31 Berger, *And Our Faces, My Heart, Brief As Photos,* a. a. O., S. 76 f.
32 Zitiert in: Huth, *Nature and the American,* a. a. O., S. 149
33 Ebd., S. 150
34 Herman Melville, *Typee u. a.* Aus dem Amerikanischen von Richard Mummendey. München 1970, S. 62
35 Ein Reisender in den Westen, zitiert in: Pomeroy, *In Search of the Golden West,* a. a. O., S. 34
36 Ebd., S. 33 f.
37 Zitiert in: J. G. Pangborn, *The New Rocky Mountain Tourist.* Chicago 1878, S. 3
38 Zitiert in: Pomeroy, *In Search of the Golden West,* a. a. O., S. 36
39 Zitiert in: Huth, *Nature and the American,* a. a. O., S. 151
40 Ebd., S. 151
41 Ebd., S. 156
42 Erst 1890 wurde – vor allem aufgrund des Engagements des Naturforschers und Schriftstellers John Muir – das gesamte Yosemite-Gebiet um den relativ kleinen, vom Staat verwalteten Park im Yosemite-Tal zum Nationalpark erklärt; im Oktober wurde eine entsprechende Gesetzesvorlage von Präsident Benjamin Harrison genehmigt und vom Kongreß verabschiedet, die das über eine Million Morgen umfassende Land als »Waldreservat« auswies.
43 Zitiert in: Pomeroy, *In Search of the Golden West,* a. a. O., Frontispiz
44 Ebd.
45 Ebd.
46 Sontag, *On Photography,* a. a. O., S. 99

47 Zitiert in: Sontag, *On Photography,* a. a. O., S. 90
48 Zitiert in: Huth, *Nature and the American,* a. a. O., S. 103
49 Ebd., S. 179 und S. 197
50 Ebd., S. 151

## DIE HOPI

1 Zitiert in: Edmund Carpenter, *Oh, What a Blow That Phantom Gave Me.* New York 1972, S. 88. Dr. Carpenter, der die Bedeutung der »Lebenslinie« in Hopi-Ornamenten herausfinden wollte, erhielt schließlich von einem älteren Hopi-Künstler in Oraibi eine Erklärung: »Der Begriff ›Lebenslinie‹ steht für das Bild eines Tieres, bei dem eine Linie vom Maul zur Lunge oder zum Herzen gezogen ist«, schreibt Carpenter. Man findet dieses Motiv häufig auf Korbwaren und der Keramik der Pueblo-Indianer. Auch die Cree-Indianer verwenden dieses Motiv oft.
2 Die Palatkwapi-Geschichte der Hopi, zitiert in: Harold Courlander, *The Fourth World of the Hopis.* New York 1971 und Greenwich, Conn., 1972, S. 3
3 Don Talayesva, *Sun Chief.* Hrsg. von Leo W. Simmons. New Haven und London 1942, S. XIII
4 Alexander Alland, Jr., *When The Spider Danced.* New York 1975, S. VIII
5 Zitiert in: Elsie Clews Parsons, *Pueblo Indian Journal,* 1920–1921, American Anthropological Association, Memoirs, Nr. 32. Menasha, Wisconsin 1925, S. 10
6 Zitiert in: Dozier, *The Pueblo Indians of North America,* a. a. O., S. 104
7 Victor Mindeleff, *A Study of Pueblo Architecture, Tusayan and Cibola.* Washington 1891, S. 140
8 Ebd., S. 142
9 Don Talayesva, *Sun Chief,* a. a. O., S. 51
10 Thomas, *The Southwestern Indian Detours,* a. a. O., S. 198 (mit freundlicher Genehmigung zitiert)
11 Zitiert in: McLuhan, *Touch the Earth,* a. a. O., S. 39
12 Vgl. Wayne Dennis, *The Hopi Child.* New York und London 1940, S. 31, sowie Laura Thompson und Alice Joseph, *The Hopi Way.* Chicago 1944, S. 50
13 Walter Hough, *The Hopi Indians.* Cedar Rapids, Iowa, 1915, S. 82
14 Zitiert in: Parsons, *A Pueblo Indian Journal,* a. a. O., S. 31
15 Zitiert in: Grattan, *Mary Colter,* a. a. O., S. 19
16 Edward S. Curtis, *The North American Indian.* Hrsg. von Frederick Webb Hodge, 20 Bde. Bd. 12, S. 21
17 Ebd., S. 43
18 Zitiert in: Edmund Carpenter, *Eskimo Realities.* New York 1973, S. 193
19 Ruth Bunzel, *The Pueblo Potter: A Study of Creative Imagination in Primitive Art.* New York 1929 und 1972, S. 8 und S. 29
20 Jesse Walter Fewkes, *Archeological Expedition to Arizona in 1895.* Washington: Seventeenth Annual Report of the Bureau of American Ethnology to the Secretary of the Smithsonian Institution, 1895–1896, Teil II, S. 661
21 Ebd.
22 Don Talayesva, *Sun Chief,* a. a. O., S. 220
23 Zitiert in: Gertrude Prokosch Kurath und Antonio Garcia, *Music and Dance of the Tewa Pueblos.* Santa Fé 1969, S. 169
24 Don Talayesva, *Sun Chief,* a. a. O., S. 42
25 Emory Sekaquaptewa, »Hopi Indian Ceremonies«, in: *Seeing with an Native Eye.* Hrsg. von Walter Holden Capps. New York 1976, S. 39
26 Don Talayesva, *Sun Chief,* a. a. O., S. 21 f.
27 Ebd., S. 21
28 Harold S. Colton, *Hopi Kachina Dolls.* Albuquerque 1949, S. 44, 50, 76.
29 Vincent Scully, *Pueblo: Mountain, Village, Dance.* New York 1975, S. 270
30 Hough, *The Hopi Indians,* a. a. O., S. 78
31 Zitiert in: A. R. Radcliff-Brown, *Structure and Function in Primitive Society.* Glencoe, Illinois, 1952, S. 159
32 Zitiert in: Webb und Weinstein, *Dwellers at the Source,* a. a. O., S. 85
33 Theodore Roosevelt, »The Hopi Snake Dance«, in: *The Outlook,* 18. Oktober 1913, S. 365
34 Hough, *The Hopi Indians,* a. a. O., S. 219
35 John L. Stoddard, *John Lawson Stoddard's Lectures.* 10 Bde. Boston 1918, Bd. 10, S. 148 und S. 153
36 Reklame der Santa Fé, Santa Fé Transportation Company, Bulletin Nr. 21, 25. April 1929
37 D. H. Lawrence, *The Plumed Serpent.* London 1926, S. 125
38 D. H. Lawrence, »New Mexico«, in: *Phoenix I,* a. a. O., S. 141
39 Hough, *The Hopi Indians,* a. a. O., S. 223 f.
40 Zitiert in: Alexander M. Stephen, *Hopi Journal.* Hrsg. von Elsie Clews Parsons. New York 1936; AMS Press 1969, Teil 1, S. 679. Die Schlangen werden auf diese Weise angeredet, und dann findet eine Beschwörung statt. Federn gehören zu den wichtigsten Kultgegenständen einer Pueblo-Zeremonie. Truthahnfedern beispielsweise sollen Regen bringen; Adler- oder Bussardfedern beziehen sich hauptsächlich auf die Kraft der Sonne; Brustfedern des Adlers werden als persönliche Gebetszeichen verwendet. Die Federn der Eule – wie auch die Eule selber – erfüllen die gleiche Funktion; in manchen Fällen wird diesen Federn allerdings auch die Kraft zugeschrieben, Pfirsichbäume viele Früchte tragen zu lassen. (Jesse Walter Fewkes, *Designs on Prehistoric Pottery.* Washington: Thirty-third Annual Report, Bureau of American Ethnology, 1911–1912)
41 Theodore Roosevelt, »The Hopi Snake Dance«, a. a. O., S. 370
42 »Der Begriff ›Totemismus‹ bezeichnet eine bestimmte Form sozialer Ordnung und magisch-religiöser Praktiken; charakteristisch ist, daß bestimmte Gruppen (meistens Clans oder Sippen) innerhalb eines Stammes mit bestimmten belebten oder unbelebten Dingen in Verbindung gebracht werden; die einzelnen Gruppen stellen unterschiedliche soziale Klassen dar.« (Aus: *Notes and Queries on Anthropology.* Sammelband, veröffentlicht vom Royal Anthropological Institute, London, 6. Aufl. 1951, S. 192)
43 Zitiert in: Doug Boyd, *Rolling Thunder.* New York 1974, S. 98
44 Mischa Titiev, *Old Oraibi.* In: Papers of the Peabody Museum of American Archaeology and Ethnology, Harvard University, Bd. 22, Nr. 1. Cambridge, Mass., 1944, S. 151
45 Don Talayesva, *Sun Chief,* a. a. O., S. 42
46 H. R. Voth, *The Oraibi Summer Snake Ceremony.* In: Anthropological Series, Bd. 3, Nr. 4., Chicago, November 1903, S. 340
47 Theodore Roosevelt, »The Hopi Snake Dance«, a. a. O., S. 371. Es gibt die verschiedensten Spekulationen darüber, wie es möglich ist, daß die Schlangenpriester so mit Klapperschlangen umgehen können, ohne daß ihnen etwas passiert. Es gibt keine *reale* Erklärung für die Immunität der Tänzer, aber z. T. recht gewagte Vermutungen: So waren beispielsweise manche der Ansicht, daß den Schlangen vor der Zeremonie die Giftzähne ausgerissen werden; andere behaupteten, die Schlangen verhielten sich deshalb so teilnahmslos, weil man ihnen vorher eine »Medizin« gegeben, d. h. sie betäubt habe. Derlei Theorien entbehren jeglicher Grundlage. Das Geheimnis ist nicht so ohne weiteres zu erklären. Voth meint, die Erklärung liege darin, »daß man sehr behutsam mit den Schlangen umgeht«, nicht so sehr »*wie oft,* sondern *die Art, wie* man sie anfaßt«. Roosevelt vermutete, »die Schlangenpriester verfügen vielleicht – entweder von Natur aus oder erlerntermaßen – über dieselbe sanfte Gewalt den Schlangen gegenüber, die manche Menschen den Bienen gegenüber haben«; gleichzeitig blieb ihm jedoch unverständlich, »warum die Klapperschlangen nicht wild werden, wenn sie erst in der Kiva zusammengescheucht und am Ende der Zeremonie so heftig von den Schlangenfelsen geschleudert werden«.
48 Voth, *The Oraibi Summer Snake Ceremony,* a. a. O., S. 340
49 Jesse Walter Fewkes, *Tusayan Flute and Snake Ceremonies.* In: Nineteenth Annual Report of the Bureau of American Ethnology. Washington 1901
50 Zitiert in: *The Potlatch: A Strict Law Bids Us Dance.* Einstündiger Dokumentarfilm von Dennis Wheeler, 1976
51 Zitiert in: Joseph Epes Brown, *The Spiritual Legacy of the North American Indian.* New York 1982, S. 123
52 Norman Mailer, *The Armies of the Night.* New York 1968, S. 319

53 Kevon Brownlow, *The War, the West and the Wilderness*. New York 1979, S. 443
54 Curtis, *The North American Indian*, a. a. O., S. 155. Der Völkerkundler, Photograph und Filmregisseur Edward S. Curtis war häufig in den Hopi-Dörfern. 1900 sah er zum ersten Mal den Schlangentanz im Pueblo Walpi. Im Verlauf der folgenden zwölf Jahre reiste er immer wieder dorthin. 1912 wurde er in die Geheimnisse der Schlangenzeremonie eingeweiht. Seine Schilderung des Lebens der Hopi ist hervorragend und gibt einen Einblick in die komplizierte Struktur der Pueblo-Kultur.
55 Webb und Weinstein, *Dwellers at the Source*, a. a. O., S. 88
56 Voth, *The Oraibi Summer Snake Ceremony*, a. a. O., S. 346. Dreimal, jeweils im August 1896, 1898 und 1900, machte sich der Missionar und Ethnologe H. R. Voth Notizen über die Schlangenzeremonie in Oraibi und fertigte Zeichnungen davon an.
57 Webb und Weinstein, *Dwellers at the Source*, a. a. O., S. 88
58 Roosevelt wie auch Voth äußerten sich darüber, wie unsanft die Schlangen behandelt wurden; beide konnten sich nicht erklären, warum die Reptilien nicht entsprechend reagierten. Es geschah selten, daß ein Tänzer gebissen wurde, und wenn das der Fall war, wurde es meistens darauf zurückgeführt, daß dieser Mann unreinen Herzens und nicht würdig sei, an der Zeremonie teilzunehmen. In seiner Autobiographie geht der Hopi-Häuptling Sonne näher darauf ein. Als junger Mann, so erzählt er, sah er einen Mann, der »von einer Schlange gebissen wurde und fast gestorben wäre. Er muß ein sehr schlechtes Herz gehabt haben«. Häuptling Sonne war zu dem Glauben erzogen worden, daß »die Schlangen ärgerlich werden, wenn die Tänzer nicht rein sind oder ihre Pflichten nicht erfüllen. [Und] wenn ein Tänzer während der Dauer der Zeremonie mit einer Frau geschlafen hat, wird er krank oder kann nicht an ihr teilnehmen, weil ihn sonst die Schlange beim Tanz beißt.« Dann erinnert er sich an einen anderen Vorfall und fügt hinzu: »Einmal wurde ein Häuptling bei der Schlangenjagd gebissen; die Alten erzählen, daß Männer an Schlangenbissen gestorben sind, weil sie ihrer Pflicht nicht nachgekommen sind.«
59 Webb und Weinstein, *Dwellers at the Source*, a. a. O., S. 89

## DIE NAVAHO

1 Zitiert in: Kenneth Brower (Hrsg.), *Navajo Wildlands*. New York 1967, S. 16
1 a Ein alter mexikanischer Navaho, zitiert in: Walter Dyk, *A Navajo Autobiography*. New York: The Viking Fund, Inc., Publications in Anthropology, Nr. 8, 1947, S. 164
2 Willa Cather, *Death comes for the Archbishop*. New York 1927; Nachdruck 1967, S. 53
3 Zitiert in: Richard Hobson, *Navaho Acquisitive Values*. In: Papers of the Peabody Museum of American Archaeology and Ethnology, Harvard University, Bd. 42, Nr. 3. Cambridge, Mass., 1954, S. 25
4 Ebd., S. 21
5 Ebd., S. 20
6 Ebd., S. 26
7 Zitiert in: Clyde Kluckhohn und Dorothea Leighton, *The Navaho*. Cambridge, Mass., 1946; New York 1962, S. 90
8 Tony Berlant und Mary Kahlenberg, *Art in America*. Juli bis August 1972, S. 78
9 Zitiert in: Kluckhohn und Leighton, *The Navaho*, a. a. O., S. 70
10 Zitiert in: McLuhan, *Touch the Earth*, a. a. O., S. 176
11 N. Scott Momaday, *The Names*. New York 1976, S. 119f.

## DIE PUEBLOS AM RIO GRANDE UND IM WESTEN

1 Zitiert in: Gibson, *The Santa Fe and Taos Colonies*, a. a. O., S. 220
1 a Harriet Monroe, zitiert in: Weigle und Fiore, *Santa Fe and Taos*, a. a. O., S. 17
2 Dozier, *The Pueblo Indians of North America*, a. a. O., S. 3
3 Zitiert in: Weigle und Fiore, *Santa Fe und Taos*, a. a. O., S. 14
4 Cather, *Death Comes for the Archbishop*, a. a. O., S. 95
5 Charles F. Lummis, *Mesa, Cañón, and Pueblo*. New York und London 1925, S. 426
6 Lawrence, »Taos«, in: *Phoenix I*, a. a. O., S. 101 f.
7 Alland, *When the Spider Danced*, a. a. O., S. 181
8 Zitiert in: June Du Bois, *W. R. Leigh*. Kansas City 1977, S. 55f. Der Ethnologe Frank Hamilton Cushing kam als junger Mann zum ersten Mal 1879 nach Zuni; er berichtete mit ähnlicher Begeisterung und Ehrfurcht von seiner Ankunft im Pueblo: »Unter und vor mir breitete sich plötzlich eine große rot-gelbe Sandebene aus. Sie ging im Westen in eine langgestreckte graue Hügellandschaft über, die wegen der Luftspiegelungen und Sandwolken nur undeutlich und verzerrt zu erkennen war und im Norden von zwei großen, einsam aufragenden Felshügeln überschattet wurde... Stellen Sie sich zahllose längliche, kastenförmige Farmen aus Lehmziegeln vor, die miteinander verbunden und in langen Reihen oder zu Quadraten angeordnet sind; dazu andere, die immer weniger werden und kreuz und quer darüberliegen, mit zwei, drei oder sogar sechs Stockwerken, wobei jedes Stockwerk ein Stück zurückversetzt ist, wie bei einem Treppenhaus – als wäre es eine gigantische pyramidenförmige Honigwabe mit langgestrecktem Grundriß –, und Sie können sich in etwa ein Bild davon machen, wie Zuni aussieht.« Frank Hamilton Cushing, *Zuni: Selected Writings of Frank Hamilton Cushing*. Hrsg. von Jesse Green. Lincoln 1979, S. 47f.
9 Zitiert in: Brown, *The Spiritual Legacy of the North American Indian*, a. a. O., S. 120
10 Mindeleff, *A Study of Pueblo Architecture, Tusayan and Cibola*, a. a. O., S. 101 f.
11 Talayesva, *Sun Chief*, a. a. O., S. 58
12 Zitiert in: Webb und Weinstein, *Dwellers at the Source*, a. a. O., S. 144
13 Hough, *The Hopi Indians*, a. a. O., S. 62 und S. 66
14 Zitiert in: John Adair, *The Navaho and Pueblo Silversmiths*. Norman 1944, S. 122
15 Virginia More Roediger, *Ceremonial Costumes of the Pueblo Indians*. Berkeley und Los Angeles 1961, S. 141. »... Türkis, Gagat und Korallen sind sehr schwer zu durchbohren«, fährt Roediger fort. »Wenn eine bestimmte Anzahl von unbearbeiteten Kugeln durchbohrt ist, werden sie zu einer dichten Kette von der Länge einer Saite aufgezogen; die Perlen dieser Kette werden dann auf einer Platte aus Sandstein [s. Abb.] oder zwischen zwei Steinen auf gleiche Größe gebracht.« Türkis ist ein sehr beliebter Edelstein und hat in der Pueblo-Kultur eine wichtige historische, ökonomische und religiöse Bedeutung. In Zuni beispielsweise »begleicht man nach dem Verkauf der Wolle im Frühling seine Schulden und legt den Rest des Erlöses in Türkisen an«, schrieb 1932 die Anthropologin Ruth Bunzel. »Außerdem darf jeder Tänzer soviel Türkisschmuck tragen, wie es seiner Kreditwürdigkeit entspricht«, fährt sie fort. »Die Halsketten bedekken die ganze Brust und oft auch den ganzen Rücken... Die Art, wie sie getragen werden, gibt einen Hinweis auf Rang und Stellung. Halsketten auf der Brust und dem Rücken stehen einem wichtigen Kachina zu; doppelreihige Ketten, die eng am Hals anliegen, verweisen auf die Zugehörigkeit zur Gesellschaft.« (Ruth Bunzel, *Zuni Katcinas*. Forty-seventh Annual Report of the Bureau of American Ethnology, Washington 1932, S. 871. Zitiert bei Roediger)
16 Zitiert in: John Fire Lames Deer und Richard Erdoes, *Lame Deer, Seeker of Visions*.
17 Mircea Eliade, *Shamanism: Archaic Techniques of Ecstasy*. Princeton, N.J. 1972, S. 510 (Originaltitel: *Le Chamanisme et les techniques archaïques de l'extase*. Paris 1951)
18 Roediger, *Ceremonial Costumes of the Pueblo Indians*, a. a. O., S. 193
19 Ebd., S. 184
20 Momaday, *The Names*, a. a. O., S. 135
21 Ebd., S. 128f.
22 Vgl. Curtis, *The North American Indian*, Bd. 17 (1926), S. 145f.
23 Zitiert in: Watson Smith, *Kiva Decorations at Awatovi and Kawaika-a*. Papers of the Peabody Museum of Archaeology and Ethnology, Harvard University, Bd. 37. Cambridge, Mass., 1952, S. 225

24 John Collier, *Patterns and Ceremonials of the Indians of the Southwest*. New York 1949, S. 63
25 Scully, *Pueblo: Mountain, Village, Dance*, a. a. O., S. 187
26 Zitiert in: Smith, *Kiva Decorations at Awatovi and Kawaika-a*, a. a. O., S. 225
27 Ebd.
28 Norman Quyintewa in *The Shadow Catcher*. Dokumentarfilm; Produktion, Regie und Buch: T. C. McLuhan, 1975
29 Zitiert in: Weigle und Fiore, *Santa Fe and Taos*, a. a. O., S. 17
30 Francis La Flesche, *The Osage Tribe: Rite of the Wa Xo-Be*. Washington 1928

# Auswahlbibliographie


ADAIR, JOHN: *The Navaho and Pueblo Silversmiths.* Norman 1944
BARTHES, ROLAND: *Mythologies.* Paris 1970
BARTLETT, SIR FREDERIC C.: *Remembering.* Cambridge England 1932
BENEDICT, RUTH: *Patterns of Culture.* Boston 1934
BROWN, JOSEPH EPES: *The Spiritual Legacy of the North American Indian.* New York 1982
BRYANT, JR., KEITH L.: *History of the Atchison, Topeka and Santa Fe Railway.* New York 1974
BUNZEL, RUTH: *The Pueblo Potter: A Study of Creative Imagination in Primitive Art.* New York 1929
CAPPS, WALTER HOLDEN: *Seeing with a Native Eye.* New York 1976
CATHER, WILLA: *Death Comes for the Archbishop.* New York 1927
– *Song of the Lark.* Boston 1943
CHONA, MARIA: *Autobiography of a Papago Woman.* Hrsg. von Ruth Underhill. Menasha, Wisconsin: The American Anthropological Association, Memoirs, Bd. 46, 1936
COE, BRIAN: *The History of Movie Photography.* Westfield, N.J., 1981
COKE, VAN DEREN: *Taos and Santa Fe: The Artist's Environment, 1882–1942.* Albuquerque 1963
COURLANDER, HAROLD: *The Fourth World of the Hopi.* New York 1971
CURTIS, NATALIE: *The Indians' Book: Songs and Legends of the American Indians.* New York 1968 (Erstausgabe 1907)
CUSHING, FRANK H.: *My Adventures in Zuni.* Palo Alto, California 1905
DENNIS, WAYNE: *The Hopi Child.* New York und London 1940
DYK, WALTER (Hrsg.): *Son of Old Man Hat: A Navaho Autobiography.* New York 1938
– *A Navaho Autobiography.* New York: Viking Fund Publications in Anthropology, Nr. 8, 1947
EMERSON, RALPH WALDO: *The Journals and Miscellaneous Notebooks.* Hrsg. von Alfred R. Ferguson u. a. 14 Bde. Cambridge, Mass., 1960–78
FERGUSSON, ERNA: »Crusade from Santa Fe«, in: *North American Review* 242 (1936)
FEWKES, JESSE WALTER: *Tusayan Flute and Snake Ceremonies.* Washington, D.C.: Nineteenth Annual Report, Bureau of American Ethnology, 1901
GIBSON, ARRELL MORGAN: *The Santa Fe and Taos Colonies: Age of the Muses, 1900–1942.* Norman 1938
HALL, EDWARD T.: *The Silent Language.* New York 1959
HILL, W. W.: *The Agricultural and Hunting Methods of the Navaho Indians.* New Haven 1938
HUTH, HANS: *Nature and the American: Three Centuries of Changing Attitudes.* Berkeley and Los Angeles 1957; Lincoln 1972
JAMES, HARRY C.: *Pages from Hopi History.* Tucson 1974
KLUCKHOHN, CLYDE, and DOROTHEA LEIGHTON: *The Navaho.* Cambridge, Mass., 1946
KURATH, GERTRUDE PROKOSCH und ANTONIO GARCIA: *Music and Dance of the Tewa Pueblos.* Santa Fe 1969
LAWRENCE, D.H.: *Phoenix I: The Posthumous Papers of D.H. Lawrence.* Hrsg. und Einführung von Edward D. McDonald. London 1936; New York 1939
LEE, DOROTHY: *Freedom and Culture.* Englewood Cliffs, N.J. 1959
LUMMIS, CHARLES F.: *Mesa, Cañón and Pueblo.* New York und London 1925
MACCANNELL, DEAN: *The Tourist.* New York 1976
MACLEISH, ARCHIBALD: *Collected Poems, 1917–1952.* Boston 1952
MCLUHAN, T. C.: *Touch the Earth: A Self-Portrait of Indian Existence.* New York: Outerbridge and Dienstfrey, 1971; Simon and Schuster, A Touchstone Book, 1972
– und A. D. COLEMAN: *Portraits from North American Indian Life by Edward S. Curtis.* New York 1972
MARHALL, JAMES: *Santa Fe: The Railroad That Built an Empire.* New York 1945
MARX, LEO: *The Machine in the Garden.* New York 1964
MILLER, PERRY: *Errand into the Wilderness.* New York 1964
– *Nature's Nation.* Cambridge, Mass., 1967
MOMADAY, N. SCOTT: *The Names.* New York 1976
– *The Way to Rainy Mountain.* Albuquerque 1969
NABHAN, GARY PAUL: *The Desert Smells Like Rain: A Naturalist in Papago Country.* San Francisco 1982
NASH, RODERICK: *Wilderness and the American Mind.* New Haven 1967
NOVAK, BARBARA: *Nature and Culture: American Landscape and Painting, 1825–1875.* New York 1980
ORTIZ, ALFONSO (Hrsg.): *New Perspectives on the Pueblos.* Albuquerque 1972
– *The Tewa World: Space, Being, and Becoming in a Pueblo Society.* Chicago 1969
PARSONS, ELSIE CLEWS: *A Pueblo Indian Journal, 1920–21* American Anthropological Association, Memoirs, Nr. 32. Menasha, Wisconsin, 1925
PINCHOT, GIFFORD: *Breaking New Ground.* New York 1947
POMEROY, EARL: *In Search of the Golden West: The Tourist in Western America.* New York 1957
QUIGLEY, JR., MARTIN: *Magic Shadows: The Story of the Origin of Motion Pictures.* New York 1960
RADCLIFFE-BROWN, A. R.: *Structure and Function in Primitive Society.* Glencoe, Illinois, 1952
REEVE, KAY AIKEN: *The Making of an American Place: The Development of Santa Fe and Taos, New Mexico, as an American Cultural Center, 1898–1942.* Dissertation, Texas A & M University, 1977
REICHARD, GLADYS A.: *Social Life of the Navajo Indians.* New York 1928
RUSSELL, BERTRAND: *The Impact of Science on Society.* London 1952
SCULLY, VINCENT: *Pueblo: Mountain, Village, Dance.* New York 1975
SMITH, HENRY NASH: *Virgin Land: The American West as Symbol and Myth.* Cambridge, Mass., 1950
SONTAG, SUSAN: *On Photography.* New York 1973
STEELE, DAVID M.: *Going Abroad Overland: Studies of Places and People in the Far West.* New York und London 1917
STILGOE, JOHN R.: *Metropolitan Corridor: Railroads and the American Scene.* New Haven und London 1983
TAFT, ROBERT: *Artists and Illustrators of the Old West, 1850–1900.* New York 1953
TALAYESVA, DON: *Sun Chief.* Hrsg. von Leo W. Simmons. New Haven und London 1942
THOMAS, D. H.: *The Southwestern Indian Detours.* Phoenix 1978
THOMPSON, LAURA und ALICE JOSEPH: *The Hopi Way.* Chicago 1944
THOREAU, HENRY DAVID: *Excursions.* New York 1962. (Erstausgabe 1863)
TITIEV, MISCHA: *Old Oraibi: A Study of the Hopi Indians of the Third Mesa.* Papers of the Peabody Museum of American Archaeology and Ethnology, Harvard University, Bd. 22, Nr. 1. Cambridge, Mass., 1944
TURNER, LOUIS und JOHN ASH: *The Golden Hordes: International Tourism and the Pleasure Periphery.* London 1975
UDALL, STEWART L.: *The Quiet Crisis.* New York 1963
VOTH, H. R.: *The Oraibi Summer Snake Ceremony.* Anthropological Series, Bd. III, Nr. 4., Chicago, November 1903
WATERS, FRANK: *The Book of the Hopi.* New York 1963
WATERS, L. L.: *Steel Rails to Santa Fe.* Lawrence 1950
WEIGLE, MARTA und KYLE FIORE: *Santa Fe and Taos: The Writer's Era, 1916–1941.* Santa Fe 1982
WYMAN, WALKER D., und CLIFTON B. KROEBER (Hrsg.): *The Frontier in Perspective.* Madison 1957
YOUNG, GEORGE: *Tourism: Blessing or Blight?* Harmondsworth, England 1976

# Bildnachweis

PHOTOGRAPHEN DER KOPPLIN-SAMMLUNG:
Fay Cooper Cole: S. 89. Aaron B. Craycraft: S. 55. Fred Harvey: S. 186. Fred Harvey and Company: S. 63. W.H. Jackson: S. 100 oben. W.H. Jackson & Co.: S. 91, 112, 163. Edward H. Kemp: S. 49, 52, 59, 66 oben, 81, 125. William E. Kopplin: S. 60, 76, 90, 115, 120, 143, 146, 165, 167, 168, 185, 188, 191. Moore, Hubbell & Co.: S. 64. Jesse L. Nausbaum: S. 161, 181. The Santa Fe Railway: S. 51, 61, 65, 66 unten, 68, 85, 93 oben, 97, 101, 111, 122, 129, 147, 151, 154, 155, 171, 174 unten, 177, 189. William H. Simpson: S. 93 unten, 100 unten, 102, 110. A.C. Vromans: S. 118.

Namentlich nicht bekannte Photographen. S. 56, 69, 71, 72, 73, 75, 77, 78 oben, 78 unten, 79, 80, 82, 83, 84 oben, 84 unten, 92, 94, 95, 98, 99, 103, 105, 106, 107 oben, 107 unten, 108, 109, 114, 121, 124, 127, 128, 148, 149, 150, 152, 153, 159, 160, 164, 169, 172, 173, 174, 175, 176, 179, 180, 182, 183, 184 oben, 184 unten, 190.

ILLUSTRATIONEN:
Mit freundlicher Genehmigung des Museums of Natural History, Department of Library Services, New York City: S. 14 (Neg. 42013, Photographie von: C. Mayer)
Mit freundlicher Genehmigung der Colorado Historical Society, Denver, Colorado: S. 6 (Neg. 08763), S. 35 (Neg. J-30,037)
Denver Public Library, Western History Division: S. 8, Photographie von: Horace S. Poley
Mit freundlicher Genehmigung der Kraushaar Galleries, New York City: S. 44, 45
La Fonda Hotel, Santa Fe, New Mexico: S. 17
Library of Congress Washington, D.C.: S. 12 (Neg. 30414 USZ62737), S. 18 (Neg. 11068), Karte: nach der Originalvorlage gezeichnet von Christopher L. Brest
Mit freundlicher Genehmigung des Museums of New Mexico, Santa Fe, New Mexico: S. 2 (Neg. 38211, Photographie von J.R. Riddle), S. 3 (Neg. 47181, Photographie von: Keystone Photo Service), S. 9 (Neg. 46939), S. 39 (Neg. 38193, Photographie von: El Tovar Studio)
Mit freundlicher Genehmigung der Santa Fe Collection of Southwestern Art: S. 29, 30, 31, 32
Mit freundlicher Genehmigung der Santa Fe Railway, Public Relations Department, Photographie: S. 7, 27, 42

ZEICHNUNGEN:
S. 46, 116, 118, 156, 162: Le Roy H. Appleton, *American Indian Design and Decoration*. New York, 1971. S. 86, 113: Harry C. James, *The Hopi Indians*. Caldwell, Idaho, 1956. S. 158, 170: H.P. Mera, *Pueblo Designs*. New York, 1970. S. 54, 96: Maria Naylor (Hrsg.), *Authentic Indian Designs*. New York, 1975. S. 186: Virginia More Roediger, *Ceremonial Costumes of the Pueblo Indians*. Berkeley und Los Angeles, 1941. S. 48, 50, 58, 62, 70, 88, 104, 144, 166, 178: Dorothy Smith Sides, *Decorative Art of the Southwestern Indians*. New York, 1961. S. 126, 130: Frank Waters, *The Book of the Hopi*. New York, 1977.